웨스트민스터 예배모범

토마스 레쉬만 편
정 장 복 역

예배와 설교 아카데미

Church Serbice Society

THE
WESTMINSTER DIRECTORY

EDITED, WITH AN INTRODUCTION AND NOTES,
BY
THOMAS LEISHMAN, D.D.

TRANSLATED BY
ChangBok Chung, S.T.D.

WILLIAM BLACKWOOD AND SONS
EDINBURGH AND LONDON
MCMI

역자 서문

- 장로교 예배의 뿌리를 찾아서 -

장로교는 교단마다 헌법을 기본 법으로 가지고 있습니다. 이 헌법 안에는 대부분 교리와 정치와 권징과 예배모범이 포함되어 있습니다. 그 내용들은 거의가 다 존 낙스를 중심으로 출발한 스코틀랜드 교회가 장로교의 원조로서 제정한 것들입니다. 그러나 지금껏 한국의 장로교는 교리에 실린 웨스트민스터 신앙 고백만을 주어진 유산으로 생각하고 있을 뿐 그 외의 것은 모두 자생한 것으로 착각하고 있습니다.

장로교가 가지고 있는 예배와 신앙과 정치와 권징의 뿌리는 거의가 다 웨스트민스터 성회에서(Westminster Assembly of Divine) 제정된 것들입니다. 특별히 예배모범의 제정은 웨스트민스터 성총회가 모이게 되는 주 목적이었고, 이것은 장로교 예배의 뿌리와 줄기가 되었습니다. 그럼에도 불구하고 여기에 대한 문헌 하나 없는 것이 한국 장로교의 실정입니다. 장로교 예배의 기본 정신과 그 줄기에 대한 아무런 연구가 없이 예배를 지속하고 있다는 것은 1세기를 넘긴 교회로서는 안타까운 일입니다.

장로교 예배의 정신과 그 뿌리를 모르는 연고로 발생된 부끄러운 일들은 참으로 많습니다. 예를 들면, 축도는 바울의 축도(고후 13:13)가 전부인 줄 알고 있습니다. 모든 장로교 목사들은 오직 이 축도만을 계속하고 있습니다. 그러나 본 예배모범은 아론의 축도(민 6:24-26)를 가장 으뜸가는 것으로 정했고, 그 다음이 바울의 축도로 되어 있습니다. 그 뿐만이 아닙니다. 예배 중에 시편송을 부르는 것이 그리스도인들의 의무라고 규정했는데도 우리의 찬송가에는 시편송이 매우 적습니다. 거의 부르지도 않는 현실입니다. 더욱 우리를 부끄럽게 하는 것은 장로교의 예배에서는 성찬 성례전을 자주 거행해야 함을 강조하고 있는데, 한국의 장로교는 일 년에 두 번 성찬 성례전을 하게 됨을 하나의 법규처럼 지키고 있습니다. 이 모두가 장로교 예배의 본질과 그 내용을 모르기 때문입니다.

　역자는 미국의 석.박사 과정에서 기독교 예전과 설교를 연구하면서 제가 찾는 장로교 예배의 본향이 복음을 전해준 미국이 아니라 스코틀랜드 교회임을 확인하게 되었습니다. 그 때부터 저의 꿈은 장로교의 고향인 그 곳을 찾아가 한 학기라도 보내면서 문헌을 찾고 그들의 예배 현장을 보면서 장로교 예배의 근간을 찾아 연구하는 일이었습니다. 하나님은 저에게 기회를 허락하시어 1992년 그 곳의 에딘버러 대학교에서 연구교수로 반 년을 지내게 해주셨습니다. 그 때 저는 집중적으로 본서를 중심하여 웨스트민스터 예배모범을 연구하기 시작했습니다. 그 연구는 본 예배모범의 위치성과 형성과정을 비롯하여 스코틀랜드의 종교 개혁과 존 낙스의 예배모범, 영국 퓨리탄들과 그들의 예배에 대한 관심, 그리고 웨스트민스터 성회와 예배모범 탐구가 주를 이루었습니다. 그 때 본 예배모범의 구조와 내용을 분석, 연구하면서 진정한 장로교의 예배 신학과 방향을 터득하게 되었습니다. 여기에 대한 연구논문은 졸저 「예배의 신학」에 수록되어 있습니다.

저는 이 연구를 하는 과정에서 놀라움 속에 젖어 들었습니다. 그것은 이 예배모범을 합법적으로 이룩하기 위하여 스코틀랜드 교회가 수많은 생명들을 희생하는 대가를 치렀다는 사실이었습니다. 찰스 1세가 1636년 존 낙스의 예식서 사용을 금지시키고 교회의 수장이 왕으로 되어 있는 영국 국교회의 예식서를 사용하도록 강요할 때 생명을 내놓고 일어선 그들의 모습은 전설 같은 이야기였습니다. 1638년 서명을 하고 일어선 계약군들이 불굴의 정신으로 왕당파에 대항하여 싸워 마침내 그 결과로 웨스트민스터 성회를 통하여 장로교의 기틀인 예배모범을 1644년에, 장로교 정치를 1645년에, 그리고 신앙 고백을 1647년에 이룩하였습니다. 이 과정을 상세히 연구하는 사람이면 누구나 이 기록이 장로교 역사에 있어서 가장 소중한 출발임을 알게 됩니다. 스코틀랜드 교회가 윌리엄 3세에 의하여 장로교로서 공식적으로 인정될 때까지 수많은 순교자들의 피가 있었고, 이는 오늘의 장로교를 있게 하는 밑거름이었습니다.

본서는 웨스트민스터 성회에서 제정한 예배모범만을 수록하고 있지 않습니다. 여기에는 그 본문과 그 본문을 정확히 이해할 수 있는 해설서가 있습니다. 그 해설에서 부족한 것은 부록으로 엮어진 부분에서 역사적인 정황 이해와 함께 내용을 구체적으로 설명해 놓았습니다. 그렇기 때문에 본서는 단순한 예배모범의 내용만을 위한 책이 아니라 장로교 목사의 임직의 원칙과 그 절차에 이르기까지 명문화되어 있는 역사적 기록을 보게 합니다.

역자는 다시 한번 이토록 소중한 문헌이 우리 앞에 놓일 수 있도록 허락하신 하나님께 한없는 감사를 드립니다. 오직 부끄러운 것은 장로교에 몸담고 있는 실천신학 교수로서 이처럼 소중한 문헌을 좀더 일찍 펴내지 못한 점입니다. 이제라도 부족한 저에게 이 소중한 문헌을 우리말로 펴내게 해주신 하나님께 감사할 뿐입니다.

본서가 한국의 장로교인들 손에 들어오기까지 저 혼자만의 노력이 있었던 것은 아닙니다. 하나님이 허락하신 귀한 손길들이 있었습니다. 무엇보다도, 저에게 반 년 동안 머물 수 있는 집을 마련해 주고 필요한 정보들을 제공하면서 나의 연구에 결정적인 도움을 주었던 스코틀랜드 교회(Church of Scotland) 총회와 연구교수의 자리를 허락하여 주었던 에딘버러 대학교의 신학부인 뉴칼리지 교수회와 포레스터(Duncan Forrester) 학장에게 감사의 뜻을 표합니다. 그들의 도움이 있었기에 이 분야의 연구와 본서의 발굴이 가능했습니다. 다음으로, 막대한 경비를 조달하여 주고 디스크에 시달렸던 나의 건강을 살피면서 그 곳에서 나의 연구를 도와주었던 고마운 연인 김준희 님에 대한 생각도 가득합니다. 끝으로, 내 연구실의 문제(門弟)들의 동참입니다. 그 중에서도 박사과정에서 학문을 연마하고 있는 최동식 목사의 수고와 목회 현장에 있는 이길자 목사의 도움이 컸습니다. 그리고 편집을 맡아 애쓴 윤혜경 실장과 색인작업과 최종적인 교정을 맡아준 최영현 조교에게 고마움을 보냅니다.

이 한 권의 책을 통해 이 땅에 가득한 장로교인들이 예배를 바르게 이해하고 혼탁한 예배의 물결에서도 중심을 잃지 않았으면 하는 것이 저의 바라는 모두입니다.

2002년 부활절에
아차산 기슭의 선지동산에서
정 장 복

차 례

◆ 역자 서문 ·· 3

◆ 머 리 말 ·· 9

◆ 본   문 ·· 33

◆ 해 설 서 ·· 83

◆ 부   록 ·· 145

　부록 A : 의회 법령(1643년 6월) / 145
　부록 B : 에딘버러 총회 법령(1645년 2월, 제10 회기) / 148
　　　　　에딘버러 총회 법령(1645년 2월, 제14 회기) / 151
　부록 C : 찰스 1세 법령(제3 의회, 제5 회기) / 154
　부록 D : 기도문 / 155
　부록 E : 동료에게 보내는 베일리(Baillie)의 소고 / 166
　부록 F : 교회 정치 / 168

◆ 색   인 ·· 179

머 리 말

1637년에 스코틀랜드 교회가 영국에서 보낸 예배서(Service-book)를 거부한 뒤, 우리는 종교 개혁 시대부터 이어져 온 예배 형식을 바꾸어야 할 때가 되었다고 느꼈다. 지금까지 일반 예식서(the Book of Common Order)는 조금도 개정하지 못하도록 철저히 보호되어 왔다. 또한 일반 예식서를 사용하는 사람들에게 부여된 재량권은 교회의 전통에 의해서가 아니라 아일랜드 또는 영국의 비국교도에 가장 호감을 느끼는 새로운 분파에 의하여 남용되었다. 몇몇 탁월한 목사들은 낡은 종교 의식을 정화시키고, 그것을 현시대의 요구에 맞게 개정해야 한다는 생각을 하게 되었다. 그리하여 다른 지역에서 들어오는 외래 관습을 차단함으로써 불합리한 변화에 대한 구실을 제거하게 되었다. 이에 따라 1641년에 예배모범(Directory)과 기타 그 밖의 부속 사항들에 대한 준비 작업이 알렉산더 헨더슨(Alexander Henderson)에게 맡겨졌다. "이 점에서 영국과 우리는 동의할 수 있을 것이다."(Baillie's Letters, i. 365)라고 베일리(Baillie)는 기록하였다. 그러나 이듬해에 헨더슨은 베일리에게 영국이 움직이기를 기대하는 것은 어느 정도 포기할 수밖에 없다는 내용의 편지를 보냈다. 그는 "위대하고 신성한 종교 개혁자들이 시편을 인용해서 만든 기도와는 다른 형태로 기도문을 만들 임무는 …… 나에게 주어지지 않았다."라고 덧붙였다(Ibid., ii. 2). 베일리 역시 깊이 우려하고 있었으므로 훗날 헨더슨에게 "예배모범은 여러 가지 좋은 결과를 가져오겠지만 이후 잘못된 수정 작업이 우후죽순처럼 발생하는 병폐를 막을 방법은 없을 것이다."(Ibid., ii. 95)라는 자신의 의견을 털어놓았다.

그럼에도 불구하고 교회는 이 무렵 세 나라의 예배, 정치, 신조를 단일화시키는 계획을 위임받았으며, 나아가 영국 의회는 이를 위한 성 총회를 웨스트민스터에서 소집하였다. 의회는 여덟 명의 의원을 선출하여 총회에 참석하도록 소집했는데, 그들은 다음과 같다. 더글라스(Douglas), 헨더슨(Henderson), 베일리(Baillie), 교회 안에서 다른 입장을 견지하고 있는 카시리스의 얼(Earl of Cassilis), 로드 매트랜드(Lord Maitland), 조지 길레스피(George Gillespie), 루터포드(Rutherford), 남쪽 지방의 변혁적인 입장에 완전히 동조하는 워리스튼의 존스톤(Johnston of Warriston)이었다. 이 임무를 수행하기 위해서 헨더슨과 베일리에게 총회의 전권이 필요했다(Ibid., ii. 56-61). 더글라스와 카시리스는 한사코 이 임무를 거절했다. 그 시기에 있어서 위원들의 일반적인 바람은 대리인들이 의회에 속하지 않은 채 해결자인 동시에 동료의 자격으로 참석하는 것이었다. 그러나 존스톤에게 이것은 아마도 그 위원회의 대의명분으로 여겨졌을 것이다(Ibid., ii. 90). 심지어 웨스트민스터에 왔을 때에도 그들은 총회 회원이라기보다는 관찰자의 입장이었다.

총회가 소집되기 전날, 왕실은 그들이 사람을 만나는 것을 금지한다는 규정을 발표하였고, 그 결과 명단에 등록되었던 대부분의 국교도들은 의석을 차지할 수 없었다. 강력한 두 명의 왕정

주의자 카시리스 경과 더글라스의 원인 모를 불참은 아마도 왕이 이러한 거부권을 행사했을 가능성을 약간이나마 뒷받침한다. 스코틀랜드 위원들은 처음부터 이번 웨스트민스터 총회(Westminster Assembly)가 비록 총회라는 이름은 같지만 자유분방한 스코틀랜드 총회들(Assemblies of Scotland)과는 매우 다른 구조라는 것을 느끼고 있었음이 분명하다. 현대 언어로 표현하자면 이것은 차라리 의회에서 선출한 위원회에 가까웠다. 총회 위원들은 영국 의회가 공천했으며, 위원들 중 대부분은 사실상 영국 의회 의원들이었다.1) 총회 구성원들의 임무는 제한적으로 규정되어 있었으며, 의장(議長)과 진행 절차 역시 영국 의회가 임명하고 결정하였다. 의회는 총회원들에게 임무를 수행하도록 강요하였고, 일처리가 늦다고 생각되면 재촉하였으며, 결정된 사안들에 대해서도 수시로 재검토하여 변경하라고 지체 없이 명령하였다.

총회 처리 사항에 대한 우리의 지식은 주로 세 가지 자료를 근거로 하였다. 비록 그들이 토론했던 광범위한 회의록은 사라졌지만, 윌리엄 박사(Dr. William)가 서기 중의 한 사람이었던 아도니람 바이필드(Adoniram Byfield)의 기록을 발견하였고, 이 기록은 런던 도서관에 보존되어 있다. 그러나 내용이 단편적이고, 목사의 기억력을 돕기 위하여 빈번히 난외주(catchwords)를 사용했으며, 때때로 해독하기 어려운 암호를 쓰기도 했다. 이 기록은 30여 년 전 스코틀랜드 교회에서 사용할 목적으로 영국의 어느 숙련된 전문가가 복사하였다. 기록의 뒷부분은 이미 고인이 된 미첼(Mitchell) 교수와 스트루터(Struthers) 박사에 의하여 1874년에 출판되기도 했으나, 예배모범(Directory)이 언급되어 있는 거의 모든 부분은 출판되지 않은 채로 남아 있다.

---

1) 부록 A를 보라.

보다 더 분명한 기록은 동양학자이며 총회의 회원이었던 존 라이트풋 박사의 일지(Journal of Dr. John Lightfoot)이다. 이 기록은 그의 전집(London, 1824) 중 제13 권에 수록되어 있는데, 무려 334페이지에 달한다. 이것은 미첼 박사의 작품들이 재판되기 시작한 직후에 완성되었지만 예배모범이 토의되던 기간 동안의 거의 모든 내용을 담고 있다.

이 두 자료보다 더욱 생생한 기록으로는 비록 질서 정연하거나 정밀하지는 못하지만 베일리가 집에서 친구에게 보낸 편지(Baillie's Letters)가 있다. 워드로우의 기록에 보존되어 있는 조지 길레스피(George Gillespie)의 기록은 1846년에 출판되었다. 이것은 라이트풋의 일지와 거의 같은 시기에 완성되었으나 대부분 교회 정치에 관한 내용에 국한되어 있다.

웨스트민스터 성 총회는 1643년 7월 초에 개회되었다. 6주 후 스코틀랜드 위원들의 수장이 정식으로 공고되자 총회는 - 결코 완성시킬 수 없는 - 39개 항목의 개성 작업에 착수하였나. 10월 12일에 총회가 제16 번째 항목을 토론하고 있을 때 의회는 교회 정치와 "앞으로 교회에서 사용할 예배와 예전을 위한 예배모범(the Directory of worship or liturgy)에 관한 내용"을 의제로 채택하라고 요구하면서 총회를 간섭하였다(Lightfoot, p. 17). 총회는 의회의 첫번째 요구를 즉시 채택하여 겨울 내내 그 일에 전념하였다. 총회는 세 개의 대위원회로 나뉘었는데, 예배모범에 관한 사항은 그 중 한 위원회가 맡았다. 이 일은 교회 지도자들과 의회가 협상하여 소위원회에 맡긴 것이지만 12월 2일까지는 거의 진행되지 않는 것처럼 보였다(Baillie, ii. 117). 길레스피의 기록 후반부에 있는 몇 개의 항(項)을 제외하면 각 위원회에서 토의한 내용은 거의 남아 있지 않다. 토론한 보고서는

3월에 대위원회에 전달되었다(Ibid., ii. 148). 이 보고서가 대위원회에서 받아들여졌다는 사실은, 나중에 총회 기간 중 많은 시간을 차지한 성례전의 집례자 행동(table-gesture)에 대한 첨예한 토론을 예시해 주고 있었다.

의회가 예배모범에 관한 메시지를 여러 번 통보했음에도 불구하고, 예배모범의 초안은 5월 24일이 되어서야 비로소 총회 의제로 채택되었다. 처음에는 신속하게 진행되었으나(Baillie, ii. 187), 곧 성찬 성례전에 대한 까다로운 논쟁으로 몇 주 동안 연기되었다. 그래서 8월부터 10월까지 총회는 다른 의제를 다루었다. 1645년 1월 3일에 이르러서야 예배모범은 의회의 승인을 받을 준비가 되었다. 이것은 나중에 스코틀랜드 총회와 의회의 법령(Acts of the Scottish Assembly and Parliament)으로 확정되었다.[2]

총회는 예배모범에 대한 문제를 70회기 이상 토론하였고, 그 외에도 수많은 사람들이 각 위원회에서 이 문제를 다루었다. 세밀한 내용까지 모두 정밀하게 분석하였음에도 불구하고, 예배모범에는 애매한 사항이 매우 많아서 현 독자들은 당대의 기록이나 실제로 행해진 예배 내용을 토대로 연구할 때 비로소 예배모범을 이해하게 될 것이다.

베일리는 한 비평에서 다음과 같이 기록했다. "지나치게 많은 시간을 논쟁으로 허비한 후, 우리는 이에 관련된 모든 문제를 접어 두고 결론적으로 교회 예식에서 쓸 수 있는 보편적인 표현을 찾지 않으면 안 되었다"(ii. 204).

하몬드 박사(Dr. Hammond) 역시 "나는 예배모범의 여러 부분에서 종교 개혁자들과 혼합되고, 그들의 방법을 답습한 흔적

---

[2] 부록 B와 C를 참조하라.

을 발견한다."라고 말하였다(View of the New Directory, p. 2). 이에 대한 여러 가지 설명이 본서에 언급되어 있다.

예배모범이 완성되자 예상했던 것보다 더 많은 부분에서 스코틀랜드의 영향을 받은 흔적이 보였다.

첫째, 영국에서 심사숙고한 것으로 보이는 모든 것들, 즉 영국 국교회 예전(Anglican Liturgy)의 개정과 같은 것은 프랑크포트에서 낙스(Knox)가 받아들였으며, 남장로 교인들은 사보이 대회(the Savoy Conference)에 만족했을 것이다. 이러한 목적으로 출발한 이후, 온건한 영국인들은 여전히 어린 시절부터 익숙했던 예배의 많은 세세한 내용들이 그대로 남아 있기를 열렬히 갈망했다. 스코틀랜드인들은 당연히 자신들만의 제휴를 다른 그룹에게 개방하지 않았다. 스코틀랜드인들은 유럽 대륙에 많이 거주하고 있는 종교 개혁자들이나, 자신들에게 익숙한 보다 신축적인 예식 대신에 영국 당국이 강요하는 경직된 의식에 대하여 격분하였다.

당시 스코틀랜드와의 농맹은 앞으로 다가올 일보다 더 중요했기 때문에 의회는 스코틀랜드인들의 의견을 존중해야만 했다. 예배모범의 초안을 잡기 위해 선출된 소위원회(sub-committee)의 구성을 살펴보면, 그들이 스코틀랜드 대표들을 회유하기 위하여 얼마나 많은 노력을 기울였는지 알 수 있다.

소위원회는 파머(Parlmer), 굳윈(Goodwin), 영(Young), 헐(Herle)과 네 명의 스코틀랜드 목사, 그리고 의장인 마샬(Marshall)로 구성되었다. 청렴하고 교양 있는 영은 스코틀랜드인이었고, 굳윈은 유일한 독립교회파 소속이었으므로 예배모범에 대한 표결권은 영국이나 스코틀랜드가 비슷한 숫자를 가진 셈이었다. 더욱이 예배모범의 가장 중요한 부분은 최종적으로 헨더슨과 그의 동료들이 결정하도록 하였다. 언론 역시 사람들을 스코틀랜드 예배 방식과 친숙하게 하기 위하여 어떤 일을 진행하고 있었다고 평한 바 있다.

총회가 예배모범에 관한 토론을 시작한 바로 그 시기에 일반 예식서 수정본이「스코틀랜드 교회 총회에 의해 공포되고, 가장 훌륭한 개혁교회와 성 총회에 가장 겸손하게 제시된 형식을 따라 모든 천주교, 이교도, 종파 분리를 근절하기 위한 교회 정치, 예배 예전, 훈련서의 확정된 예식서」라는 제목으로 런던에서 출판되었다(Hall's Reliquiae, i. Ⅲ). 의회주의자들이 싫어하지 않는 훈련서에 관계된 부분과, 불필요하고 시대착오라고 간주된 몇몇 예배 의식은 생략되었다. 이것은 제네바 예식서(the Book of Geneva) 원본에 어느 정도 복구되어 있다. 그렇지 않았더라면, 스코틀랜드 예식서는 형식과 의식의 단순 재생산에 불과했을 것이다. 그것은 같은 원본을 약간 다르게 수정하여 온건한 청교도들에게 오랫동안 지지를 받아 온 미들버그 기도서(the Middleburg Prayer-book)와 거의 유사하였다.

힐 버튼(Hill Burton)은 같은 날 각각 다른 출판물에「믿음과 언약 안에서 우리 형제인 스코틀랜드 교회 형식에 따른 새로운 일반 기도서」라는 제목을 붙였다(History, vi. 396). 그는 일반 예식서(the Book of Common Order)에 의거한 매일 드리는 예배보다 더 중요한 내용을 그 책이 담고 있다고 서술하였다. 안팎으로 영향을 받아 만들어진 예배모범의 주일 예배 순서는 일반적인 형식면에서 일반 예식서와 거의 동일하다. 이 둘을 나란히 놓고 볼 때 이 사실은 더욱 명백해진다.

일반 예식서(Common Order)		예배모범(Directory)
기도(Prayer)	⎫ 대독자가 인도하는 예배 (Reader's Service)	기도
신구약 성경봉독 (Lessons from both Testaments)		신구약 성경봉독
시편(Psalm)		시편
기도(Prayer)	⎭	기도
시편 및 조도3) (Psalm and Prayer in morning)	⎫ 목사가 인도하는 예배 (Minister's Service)	
설교(Sermon)		설교
기도(Prayer)		기도
주기도문(Lord's Prayer)		주기도문
사도신경(Creed)		
시편(Psalm)		시편
축도(Benediction)	⎭	축도

　스코틀랜드 예배에서는 설교가 시작되기 전에 한 차례만 시편을 읽고 기도를 했기 때문에 일반 예식서와 예배모범의 이러한 대조는 훗날 스코틀랜드 독자들이 간과하였다. 웨스트민스터 총회 이후 성직자들은 대독자가 인도하는 예배의 일반 기도와 성경을 무시했는데, 그들은 공중 예배에서 그것을 조금 중요한 순서로 여기도록 훈련받았기 때문에 성직자들은 실제로 대독자가 인도하는 예배에 거의 참석하지 않았다. 이제 목사들은 그동안 대독자가 인도하는 예배 마지막을 장식했던 시편을 낭송함으로써 강단 사역을 시작하였고, 이런 새로운 제도를 후진들에게 전수시켰다. 선조들이 지켜온 옛 방식들이 다시 재현됨으로써 일반 예식서와 예식서의 정체성이 보다 더 분명해졌다. 옛 스코틀랜드 성도들이 보다 높은 가치를 부여했던 독특한 관습들은 스코틀랜

---
3) 헨더슨의 정치와 의식

드 내의 극단적인 청교도들과, 그에 동조하는 사람들의 편견에 의해 희생되었다. 이들 중 몇 가지는, 예를 들어 대부모(代父母)가 사도신경을 고백하는 것이나, 찬송가 끝에 성스러운 삼위일체 하나님의 영광을 찬송하는 것 등은 무언의 일치에 의해 생략되었다. 스코틀랜드 총회는 잉글랜드에게 양보하여 예배가 시작되기 전 설교단에서 하는 목사의 개인 기도를 중단하라고 공개적으로 요구하였다. 비록 예배모범에 주기도문과 성서 일과 활용이 기록되어 있음에도 불구하고 곧이어 '해로운 의식'(nocent ceremonies)이 생겨났고, 그로 인해 2백 년 동안 교회에서는 주기도문과 성서 일과를 거의 듣지 못하게 되었다.

한편, 잉글랜드에서는 예배모범을 확실히 받아들이도록 하기 위해 당국은 특별히 노력할 필요가 없었다. 의회는 법규를 만들어 잉글랜드와 웨일즈의 통치 아래 있는 모든 집회, 교회, 예배당, 나아가 공중 예배 장소에서 공개적으로 하나님께 예배드릴 때 예배모범을 사용하라고 명령했다. 같은 해 발표된 다른 법 규정은 훨씬 더 엄격했다. 그 법령은 교회, 예배당, 공중 예배 장소뿐만 아니라 사적인 장소나 가정에서까지도 일반 예식서의 사용을 금지하였다. 만약 이를 어겼을 경우, 처음에는 벌금 5파운드, 두 번째는 10파운드, 세 번째는 1년간 감옥형에 처한다고 명시하였다. 모든 공중 예배에서 예배모범을 따르지 않은 목사들은 40실링의 벌금을 내야 했고, 예배모범을 경멸하거나 반대를 야기할 목적으로 예배모범을 훼방하는 설교를 하거나, 글을 쓰거나, 책을 펴내는 목사들은 5파운드 이상 50파운드 이하의 많은 벌금을 물게 했다. 의회는 예배모범을 웨일즈어로 번역하라고 총회에 명령했다. 예배모범을 출판한 지 두 달이 지나지 않아 당국에 의하여 다음과 같은 제목 하에 「목사들이 선원들을 위해 기도할 때 사용하는 지침서 : 의회 법령에 의해 제정된 예배모범에 일치하는」이 출판되었다. 이것은 지금까지 하몬드의 「새로운 예배모범에 대한 고찰」에서 예배모범에 대한 농담 섞인 언급과 함께 남아 있다. 이것은 현재까지 영국 박물관에 보관되어 있는 유일한 복사본을 기초로 하여 본서의 부록 D에 실려 있다. 가장 중요한 부분은 예전 형식(liturgical form)에 있는 주일 예배모범인데, 설교자나 제도화된 회중이 없는 곳에서도 이 예배모범의 형식에 따라 주일 예배를 드렸다.

예배모범을 예전에 사용하도록 허락할 준비를 한 사람들의 신앙을 살펴보는 것은 흥미 있는 일이다. 스코틀랜드인의 관점에서 볼 때 총회의 보충 법안(Supply Act)이 발표되자 그동안 충돌하던 의견이 화해되어 다소 모호했던 문제를 잉글랜드가 이해하기 시작했다. 성서 일과 전에 시편을 읽은 것을 보면, 그 부분의 애매한 언어가 남쪽 지방에서는 어떻게 이해되었는지를 알 수 있다. 기도를 따로 구별했다는 것은 아식까시노 독립교회과(the Independents)가 길게 드리는 기도를 반대했음을 보여 준다. 주기도문을 예배 순서 중 앞부분에서 한 것은 주기도문을 예배를 마치는 순서로 사용하지 않았음을 나타낸다.

예배모범에는 "바다 위를 여행하는 사람들을 위하여 특별히 마련된" 두 가지 다른 내용의 기도가 있다. 다른 항목에 비해 단순하고 덜 교리적인 이 기도는 선원이 위험에 처했을 때, 또는 무언가를 갈구할 때 마음 속에서 일어나는 진정한 표현과 많은 성경 구절을 인용하여 기도하는 자의 영혼을 깨우는 데 매우 적절했다. 예배모범이 출판되자 해군 제독은 함대에 목사를 보내달라고 총회에 요구했다. 총회에서는 단지 두 명의 목사만 지명했고 더 많은 목사는 개인적인 후원으로 파송하도록 했다. 예배모범은 이와 같이 목사가 부족한 현상을 보완하기 위해 작성된 것인지도 모른다. 항해 중 사용하는 영국 국교회 예식서(Anglican Liturgy)의 기도서는 1661년 대집회에서 재가되었는데, 이 역시 목사가 부족한 문제점을 해결하기 위해 제안된 것인지도 모른다. 또한 박물관에 보관된 예식서의 프랑스어 판은 프랑스 종교 개혁의 중심부인 찰튼(Charenton)에서 출판되었는데, 지금까지 거의 위그노들의 예배를 따랐던 해협 제도(Channel Islands)인들을 위한 것으로 스코틀랜드 예배와 거의 일치했다.

잉글랜드인들에게 예배모범을 추천하려는 모든 노력에도 불구하고, 사실상 예배모범은 그들에게 냉담하게 받아들여졌다. 또한 예배모범으로 환영을 받지 못하기는 독립교회파에게도 마찬가지였다. 그들의 고유한 예식서 대신 새로운 예배모범을 사용한다는 것은 영국 국교회로서는 받아들이기 어려운 일이었다. 길레스피(Gillespie)는 1647년 스코틀랜드 총회에서 다음과 같이 말했다. "모든 사람들이 예배모범을 준수해야만 하는데 아직까지 그 정도로 시행되지 않고 있음을 시인한다. 그러나 이 땅에 사는 수많은 선한 성도들은 이 예배모범을 준수할 것이다." 군대가 정권을 잡은 후에도 예배모범을 강요할 힘은 없었다. 사보이 대회(Savoy Conference)에서 장로교도들은 예배모범에 찬성하지 않았다. 그러나 몇 년 후 그들이 정통성을 유지하는 조건 하에서, 그것을 부분적으로 받아들였다는 것은 명백하다. 그러나 전 국민이 예배모범을 영원히 받아들인 것은 아니었다. 스코틀랜드인들은 북쪽 동맹국들과의 원만한 이해관계가 곧 끝나 버린 것처럼 예배모범 역시 곧 인기를 잃게 될 것이라고 생각하였다. 1644년 12월 초에 베일리는 멘체스터 경(Lord Manchester)이 의회에서 크롬웰(Cromwell)을 다음과 같이 공격하였다는 편지를 썼다. "자신들의 교회 정치를 확립하기 위해 잉글랜드로 오려는 스코틀랜드인들의 의도에 대하여 크롬웰은 말했다. 스코틀랜드인들의 그런 의도를 결사적으로 반대할 것이며, 또한 성 총회도 반대할 것이라고"(Letters, ii. 245). 크롬웰이 스코틀랜드 침공을 성공한 뒤, 밀튼이 크롬웰에게 보낸 아첨하는 말 속에 전체적인 평가가 정확하고 충분하게 표현되어 있다. "800년 동안 모든 군주들이 그 나라를 지배하려고 싸웠으나 실패했다. 하지만 당신은 약 1년 만에 완전히 그 왕국을 정복하고 통치권도 넓혔다"(Works, i. 287).

예배모범은 스코틀랜드에서 매우 신중하게 받아들여졌다. 그 책을 출판하기 바로 직전에 스코틀랜드 교회는 세례식과 결혼 예식 부분을 약간 변경하라고 의회와 총회에 요구했는데 그것은 받아들여졌다(Mitchell's Westminster Assembly, p. 219). 총회에서 제정한 법은 이미 그 형태가 확정되어 통과되었기에 철저한 준수를 명한 바 있다. 특히 누구나 자신들이 가시고 있있딘 과거의 이해나 형태와 불일치한다 하여 준수하지 않는 경우들을 분명하게 경고하였다. 그 중에서도 성찬 성례전의 의식에 관하여는 매우 엄격하였다. 4일 후에 발표된 다른 법령은 보다 길고 자세한 주석을 단서 조건으로 담고 있다.4) 이러한 보호 속에서 그 책은 즉시 출판되어 스코틀랜드에서 사용되었다. 그러나 그 책은 완벽한 동의 가운데 받아들여진 것이 아니라, 조상들의 방식과 비슷한 부분에 한해서 몇몇 사람들이 받아들였을 뿐이다. 어떤 사람들은 그들이 싫어했던 옛날 관습을 생략하는 것을 허용한 규정들을 직접적으로 혹은 암시적으로 환영했다. 훈계나 기도를 다룬 부분은 전적으로 무시되었다.

---

4) 부록 B를 참조하라.

웨스트민스터 총회를 살펴볼 때, 초기에 그처럼 강했던 스코틀랜드의 영향력이 얼마나 빨리 쇠퇴하였고, 잉글랜드의 영향력이 스코틀랜드에 대항하여 얼마나 빨리 성장했는지를 주목하는 것은 매우 흥미 있는 일이다. 총회가 시작되자 잉글랜드는 스코틀랜드에게서 배우는 것에 만족하였다. 그러나 몇 년 후, 스코틀랜드는 기꺼이 잉글랜드에게서 배웠다. 스코틀랜드 위원들이 처음 출현했을 때, '신성 동맹 계약'(Solemn League and Covenant)은 새로운 동맹국에게 이의 없이 받아들여졌다. 그 후 18개월이 지난 1645년, 스코틀랜드식 틀로 만들어진 예배모범은 많은 논쟁과 타협을 거친 뒤, 비록 내키지는 않았으나 두 국가에 의해 모두 수용되었다. 동시에 두 국가의 조인에도 불구하고 교회 정치 형태는 잉글랜드 총회에서 신랄한 논쟁 끝에 통과되었고, 스코틀랜드에서는 잉글랜드 의회의 승인을 받아야 한다는 조건 하에 수용되었다. 그러나 잉글랜드에서 기원하여 잉글랜드인들이 대체시킨 고백(Confession), 요리 문답(Catechisms), 시편(Psalms) 등과 거의 유사점이 없는 새로운 1647년도 판 신앙 고백, 1648년도 판의 요리 문답 두 편, 1650년도 판 로스(Rous)의 시편 의역은 스코틀랜드가 자연스럽게 수용하여 확실하게 보존하였으며, 지금까지도 교회 헌법과 동일시되고 있다. 총회 회기 동안 스코틀랜드 위원들은 물론 그들의 국가적인 관습을 고수하려던 위원들조차 새로운 동반자인 잉글랜드의 관습에 동화되고 말았다. 국내에서 원로 목사들의 지위는 타계(他界)하거나 자격 박탈로 인해 세력이 약해졌으며, 남아 있는 많은 목사들과 젊은 세대들은 스코틀랜드로 유입되는 잉글랜드 여론을 따라가고 있었다.

공화 정치가 우세하던 시기에 역사 탐구가들은 좀처럼 예배모범을 기억하지 않았다. 1652년 총회에 의해 통과된 잠정 법령

(Interim Act) 안에 예배모범에 대한 다음과 같은 언급이 언뜻 스쳐 있을 뿐이다.

    설교 중에 예배모범과 통일령(Act of Uniformity) 순서에 따라 목사들은 성경 봉독 시간을 지정한다. 구약성경 한 장, 신약성경 한 장 모두 두 장을 봉독한다. 구약을 봉독한 후 주요 교리에 대한 약간의 설명을 짧고 쉽게 성도들에게 전달한 다음 신약을 봉독할 시간이 있으면 두 번째 장을 봉독하고 시간이 허락하는 한도 내에서 간단한 설명을 전달한다.

    개신교가 분리된 이후에 총회가 개최되었기 때문에, 법령은 모두의 합의 아래 통과되지는 못할 것이라고 추측했을 것이다. 그것은 거의 허락되지 않던 새로운 설교 관행을 요구하는 예배모범에서 두 개의 성서 일과가 사라지는 것을 방지하였다. 예배모범의 권위를 힘입어 통일령(1645. 2. 7.)이 설교의 필요성을 얼마나 강요할 수 있었는가를 알기는 어려운 일이다. 크롬웰의 추종자들이 총회를 점령한 후에, 고동스런 이방인의 속박 아래 살던 사람들과 장로교도들은 초기의 국가 관례를 회복시키기 위해 많은 노력을 기울였다.5)

    왕정 복고 시기에 예배모범은 폐지령이 내려 취소되고 말았다. 그러나 불행한 결과를 초래한 로드 예식서(Laudian book)를 재도입하려는 시도는 없었으며, 심지어 펄츠의 5개 조항(Articles of Perth)에 일치하는 것도 거의 없었다. 국가 예배는 1640년의 갱신으로 인하여 혼란스럽게 되었다. 사도신경, 주기도문, 성서 일과, 영광송이 다시 도입되었고, 강독은 중단되었다. 1672년 글래스고우에서 한 잉글랜드 비국교도 학자는 다음과 같은 기록을 남겼다.

---

5) 전게서(Society of Antiq.), Sco., iv. 474. Sprott's Lee Lecture.

"교회에서 드리는 공중 예배는, 비록 대주교가 설교한다고 해도 영국에 있는 장로교 집회와 같은 방식으로 드려야 한다. 그래서 언약이 강제로 취소되고 성직 계급이 부여되기 전까지 나는 왜 비국교도가 거기 있어야 하는지 매우 의아해했다"(Munim. Univ. Glasg., IV. xxv).

1680년 후반에서야 개인의 가정 예배에서 잉글랜드 예식서 낭독을 허락한 추밀원령을 통과시킬 생각을 하게 되었다. 모러(Morer)는 혁명 당시에 스코틀랜드에서 시무하던 잉글랜드 목사였는데, 훗날 그는 스코틀랜드의 일을 회상한 책을 출판하였다. 실질적으로 장로교와 비슷한 영국 국교회 예배를 묘사한 것은 널리 알려져 있다. 그중 한 부분이 잘못 이해되어 왔다. 넌지시 교회력을 언급하는 것을 보아 그는 영국 국교도들이 주목할 것은 분명히 예배모범(Directory)이 아니라 일반 예식서(Common Order)라고 생각했던 것 같다. 제2 차 주교 회의에서 공인된 것으로 보이는 영국 국교회 관습에서 작은 부분만이 에드워드 시대의 잉글랜드 예배모범을 인용한 것 같다. 샤프(Sharp)와 그의 형제들은 1661년 9월 15일에 서품을 받았다. 현재의 영국 국교회 형식(Anglican form)은 20일이 되어서야 비로소 주교 회의에서 공인되었고, 그 다음해 3월이 되어서야 의회의 승인을 받는다. 그러므로 그들은 틀림없이 1552년의 의식에 따라 서품을 받았고, 따라서 교회를 위해 새롭고 독자적인 것을 받아들였다. 그들은 기존의 예배 형식을 훗날 잉글랜드 형제들에게 강요될 예배와 교체시키지 않고 오히려 나중에 사용하기 위하여 보존한 것 같다. 스코틀랜드인들에게 영국 의회와 주교 회의는 무엇을 위한 것이었을까? 이 대답은 로마 교황의 교서인 사도 교령(*Apostolic Curae*)과 함께 공표된 고든의 문서(Gordon Papers)에 의해 확실히 승인을 받은 것 같다. 겔로웨이의 주교였던 고든(Gordon)은 왕정 복고 시기에 성직을 박탈당하자 1704년에 로마 성직을 받게 해달라고 간청하면서 교황에게 청원서를 제출했다. 1688년 9월 19일에 그는 글래스고우(Glasgow)의 대성당에서 서품을 받았는데, 그 때 기도와 설교 후에 모든 거짓 주교들은 "성령님을 받으라. 그리고 내 안수에 의해 그대 마음속에 있는 하나님의 은총이 용솟음칠 것이다. 하나님은 두려움이 아닌 힘과 사랑, 평안을 주시는 분이기 때문이다."라는 말을 하면서 무릎을 꿇고 있는 요한의 어깨와 머리 위에 자신들의 손을 얹어 안수하였다고 진술한다. 고든 자신이 그 말을 제공한 자임에 틀림없는데, 잉글랜드 당국이 샤프의 서품 때 결과적으로 반드시 덧붙여야 한다고 생각한 그 용어는 영국 국교회 의식에 포함되지 않았다. 반면에 고든의 권위에 근거하여 가정해 볼 때, 그런 일들은 잉글랜드에서는 1552년부터 1662년까지, 스코틀랜드에서는 1661년부터 1688년까지 흔한 일이었다.

혁명의 시기에 의회는 예배모범을 승인하지 않았다. 그 후로도 비록 교회적 권위와 상관이 없다고 부인할 수는 없지만 의회는 좀처럼 예배모범을 승인하지 않았다. 단지 총회 법령 속에 다음과 같은 네 가지 경우가 언급되어 있을 뿐이다.

1694. 제9 회기. 설교에 관한 법령 - 이번 국교회의 총회는 사람들이 성경을 잘 깨닫는 것이 얼마나 필요한 것이며, 그것이 사람들을 얼마나 교화시킬 수 있는지를 고려하면서, 각각의 영역 내에서 설교 중에 성도들에게 꽤 많은 분량의 하나님 말씀을 봉독하고 나타내는 데 노력해야 한다고 여러 장로교회에 명령한다. 이 같은 취지로 인하여 예배모범이 소개하여 확립된 옛날 관습은 점차로 회복될 수 있을 것이다.

1705. 제12 회기. 예배를 위한 예배모범의 준수에 관한 권고 - 1645년 제10 회기에 회집된 총회에 의해서 승인된 하나님께 드리는 공중 예배를 위한 예배모범을 국내 교회의 모든 목사들과 사람들이 필히 준수할 것을 총회는 엄숙하게 권고한다.

1736. 제8 회기. 설교와 관련된 법령 - 1645년 총회에 의해 승인된 말씀 선포에 관한 교회의 예배모범을 진지하게 숙고하여 준수할 것을 모든 목사들과 설교자들에게 총회는 권고한다.

1856. 마지막 회기. 공중 예배에 대한 권고문과 선언령 - 총회는 총회 구성원들에게 공중 예배에 관한 사항을 제안했다. 총회는 그 제안을 승인하고 교회의 모든 목사들에게 구약과 신약의 성경 봉독에 관련된 권고 내용을 공중 예배 시에 준수할 것을 명령한다. 더 나아가 제안 내용에 대하여 총회는 공중 예배와 관련된 이런저런 특별한 규정들과 예배모범에서 주장한 원칙들이 적절한 시기에 잘 지켜질 것을 진심으로 믿으면서 교회의 모든 목사와 장로교도들에게, 공중 예배를 위하여 예배모범에 나와 있는 영적 가르침에 대한 주의를 환기시키고자 한다.

혁명 이후 1705년이 되어서야 총회는 비로소 예배모범의 권위를 전체적으로 인정하게 되었다. 왜냐하면 1694년의 법령은 예배모범을 탐독하기보다는 다소 예식서의 뜻으로 해석되는 예배 의식과, 일부의 상징이 되어 버린 예배 의식을 역사적으로 연결하려는 것에 지나지 않았기 때문이다. 1705년의 법령에 따라 우리는 예배에서 주기도문 회복을 위해 앞장섰던 휴 캠벨 경(Sir. Hugh Campbell)과 화해하기 위해 카스테어즈와 워드로우를 먼저 생각해야 한다.

또한 혁명 시대에 예배모범에 보낸 냉담하고 부수적인 인식을 이해하기 위하여 그 당시 총회가 어떤 인물로 구성되었는지 주목할 필요가 있다. 개신교단 대표자들은 조건 없이 교회에서 재가되었다. 이들은 생존한 혁명가들보다 수가 더 많았을 뿐 아니라 훨씬 젊었기 때문에 전 교단을 지배할 수 있었고, 따라서 공화국 시대부터 내려온 독특한 예배 전통은 그들의 행동에 영향을 주었다. 억압된 옛날 관습은 특히 영국 국교도들이 부활시켜 보전했기 때문에, 웨스트민스터 총회는 그것을 억압하고 금지시켰다. 예배모범이 주기도문, 성서 일과와 같은 몇 부분을 인정했다 하더라도 그것을 권위적인 것으로 받아들이지는 않았던 것 같다. 비록 빈약하다 할지라도 자신들이 만들어 오fot동안 익숙해져 있는 예배의 체계 속에서 솔직히 예배모범은 그들에게 규범이 되지 못했다. 혁명 이래 발생한 사건을 살펴보면, 웨스트민스터에 있는 잉글랜드 신교도들이 공격한 또 다른 어떤 개혁 원칙을 포기함으로써 그들의 족보를 형성하고, 계속되는 세대 속에서 성공적인 계파를 구축한 이들을 발견할 수 있다. 그러나 그런 이유 때문에 스코틀랜드인들은 예배모범에 중요성을 두었다. 이러한 혁신 중에 사적 세례가 즉시 행해졌다. 스코틀랜드에는 영국 국교회와 마찬가지로 감독과 장로 아래서 행해지는 공적 세례 규칙이 있었다. 펄츠 조항(Perth article) 중 하나는 "목사들은 신도들에게 아주 특별한 이유가 아니면 자녀가 집에서 세례 받지 못하도록 경고하라."고 요구하고 있다. 웨스트민스터에서는 약간의 논란 후 사적 세례를 금지하였다. 사적 세례가 잉글랜드에서 매우 흔한 것을 본 베일리는 사적인 세례가 그토록 쉽게 성공한 것에 다음과 같이 놀라고 있다.

우리는 기대했던 것보다 훨씬 더 쉽게 공적 세례를 수행해 왔다. 사적인 세례의 남용은 이 땅 모든 곳에서 난무했다. 런던에 있는 가장 큰 교구에서조차 세례를 위해 교회에 데려올 수 있는 아이는 일 년에 겨우 한 명이나 있을까 말까 할 정도로 공적 세례는 보기 드물었다.

혁명 후 첫 총회에서 성례식의 사적인 집행을 금지하는 법안이 통과되었다. 예리한 저항주의자이며 동시에 온건파인 케네디와 역사가 커튼, 그 밖에 몇 사람은 사적 세례 금지에 대한 약간의 의문을 제기했다(Hist. of Assembly, 1690, p. 51). 법안이 통과되자 그것은 교회 아닌 다른 장소에서도 세례를 주기 위해 모일 수 있음을 인정하는 뜻으로 표현되었다. 물론 그 자체는 합리적인 규정이었으나, 나중에는 대체로 탈세 목적으로 사용되었고, 무제한적으로 확대할 수 있음을 인정하는 것이 되었다. 뒤이어 발생한 사건들은 그 입장을 견지하는 경향이 올바르게 해석되었다는 것을 보여 주었다. 1703년 총회에서 두 번이나 총회장을 지낸 온건파 램시(Ramsay)는 다음과 같은 기록을 남겼다.

"나는 이 문제에 대해 감독 목사의 예배 의식을 잘 기억하고 있으며, 지금은 장로교 예배 의식도 잘 알고 있다. 단 한 명의 아이만 세례 받던 교회에서 지금은 여섯 명이나 세례를 받는다고 나는 단언한다"(Toleration's Fence Removed, p. 19).

그리고 매로우(Marrow) 지역 성도를 동정한 것으로 생각되는 워든(Warden)은 이 문제에 대해 1724년에 다음과 같이 말했다. "우리는 1690년 이전에 우리 같은 교회 지도자들이 얼마나 정확하고 엄격했는지를 생각할 때 부끄러움과 죄책감을 느끼지 않을 수 없다"(Treatise on Baptism, p. 228). 이러한 변화는 온건파 덕분이라고 생각하는 것은 이상한 일이 아니다. 앞에서 본 바와 같은 명백한 증거는 종교 개혁 당시 그들이 지배권을 장악하면서 나오게 되었다. 온건파와 복음주의자들은 공히 그들의 선례를 따랐고, 그로 인해 여러 해 동안 공적 세례를 몰랐던 스코틀랜드 수백 개의 교구에서 지금은 공적 세례가 행해지고 있다.

베일리는 웨스트민스터에서 다음과 같은 기록을 보냈다.

"이틀 동안 열띤 토론 후에 서로 합의할 수 없는 많은 차이를 가진 채, 우리는 하나님 은혜 안에서 우리의 관습에 따라 결혼식은 목사만 집례하고 교회 안에서 거행한다는 내용에 대해 독립교회파들이 만족하여 총회에서 만장일치로 동의를 받아 냈다"(ii. 243).

18세기가 지나서야 한 단계 진보가 이루어졌는데, 독립교회파들의 원칙이 교회의 오래된 형식을 압도하게 되었다. 변화를 추진시킨 요소로 목사의 모호한 태도가 또 하나의 원인이 되었을 것이다. 보다 더 좋은 지위에 있는 사람들은 계급 구별을 위해 사적인 의식(private ceremony)을 주장하기 시작했다. 적당한 시기가 되자 가난한 사람들도 그들의 예를 따랐다. 우선 두 사람의 결합을 축하하기 위해 교회 대신에 목사관으로 찾아갔다. 나중에 그들은 목사가 자기네 집에 방문해 줄 것을 요구했다. 또한 윌리엄 4세의 4조항과 5조항이(Act 4 and 5 William IV. Cap. 28) 통과될 때까지, 정부의 자격을 받은 영국 국교회 목사가 집례하는 결혼식을 제외하고는 비국교도 목사가 집례한 결혼식은 무효였다. 비국교도들이 주일날에 들어갈 수 없는 건물에 들어가지 못한 채 교구 목사가 결혼식을 집례한다는 것은 충분히 화가 날

만한 일이었다. 비국교도가 이러한 사실을 양보한다면 변화는 가속되었을 것이다. 그러나 비국교도의 수가 상당히 늘어나기 전부터 이미 변화는 시작되었다. 세례의 경우에서처럼 개혁의 효과로 의식의 엄숙함이 약화되었고, 새로 유입된 많은 것들은 세속적인 부가물들로 흐릿해졌다. 최근에 공공 결혼이 활기를 찾기까지는 전에 낙스(John Knox)가 마가렛 스튜워트(Magaret Stewart)와 성 자일스(St. Giles)에서 종려주일에 결혼한 이후로부터 많은 시간이 흘러야만 했다.

베일리와 동료들의 관점에서 볼 때 예배모범과 옛 스코틀랜드 관례에서부터 현대적 출발을 향해 나아간 분야는 성찬 문제였다. 즉 성도들은 성찬상 앞에서가 아니라 다른 곳에서 성찬 성례전을 받을 수 있다고 생각한 데서 시작했다고 본다. 어떠한 주제도 총회에서 그처럼 혹독하고 긴 논쟁을 불러일으키지는 않았다. 극단적인 분열의 고비를 여러 번 넘겼다. "불행한 독립교회파는 성찬 성례전을 엉망진창으로 만들 것이다. …… 성물들은 성찬대에 놓여 있지 않고, 교회에 원래 있던 그 자리로 옮겨져 있었다"(Baillie, ii. 195). 마침내 '성찬대 주변' 또는 '성찬대에서' (about the table or at it)와 같은 애매한 단어가 양쪽 편에서 인정되었다.

그러나 스코틀랜드 총회는 그렇게 모호한 언어를 인정하지 않고, 성찬을 받는 자들은 '성찬대 주변에서'(about the table)가 아니라 '성찬대에서'(at the table) 받아야 한다고 법령에 명백히 언급하였다. 교회는 건물이 허용하는 한 넓게 열려진 공간을 확보하여 잘 정돈해야 하며, 성찬 성례전을 거행하는 날에는 긴 테이블을 놓고, 한꺼번에 50명 이상의 사람들에게 성찬을 주도록 하였다. 이 유서 깊은 관습을 깨뜨리는 데 주도적인 역할을 감당할 사람은 찰머 박사(Dr. Charlmers)일 것이다. 그가 글래스고 우에 있는 성 요한 교회에 부임했을 때, 그는 교인들이 의자에서 성찬을 받을 수 있도록 허락했다. 뒤이어 똑같은 일이 전임지였던 트론 교회에서도 일어났다. 몇몇 지역에서 소요가 발생했다. 마침내 연로한 벡 박사(Dr. Begg)가 개혁에 도전장을 냈다. 그는 노회의 건의로 다음과 같은 선언문을 총회로 하여금 발표하게 만들었다. "주님의 성찬 성례전을 성찬대 주변 또는 성찬대 앞에 앉아 있는 사람들에게 분배하는 것은 곧 법이며 스코틀랜드의 오래된 관습이다. 교회를 개축하거나 새로운 좌석을 만들 때도 이런 사항을 반드시 고려하여 작업해야 한다"(Acts 1825, p. 34). 1827년 이 결정 사항을 시행하려는 노력은 몇몇 글래스고우 장로교회 임원들, 특히 성 요한 교회의 차기 계승자인 패트릭 맥팔렌스 박사(Dr. Patrick Macfarlance)에 의해 무효화 탄원을 받았다. 의회는 거듭 실행을 주장했으나, 부정 행위를 저지른 세 교회의 편을 늘고 말았다. 이러한 사후 처리의 사명하고 일반적인 결과로 옛 스코틀랜드 성찬대는 거의 사라진 것과 다름없었다. 이런 변화에 힘입어 성찬 예배(table services)의 횟수를 줄임으로써 성찬 예배가 더욱 두드러지게 하는 방법이 주장되었다(Sir. G. Burn's Life, p. 83). 웨스트민스터 독립교회파의 염원에 부합되는 다음 단계는 성찬 예식을 동시에 갖는 것이었다. 이러한 상황에서 스코틀랜드 비국교도들은 잉글랜드 형제들의 모범을 따르면서 그 방법을 진행하였고, 시간이 지남에 따라 스코틀랜드 교회도 같은 방법을 따랐다. 근래에는 성찬을 받는 사람들이 예배당 안에 여기저기 흩어져 앉는 것을 볼 수 있는데, 때로는 심지어 방청석에까지 앉아 있다.

예배모범으로부터의 또 하나의 근대적 일탈은 가정과 장지

(葬地)에서 행하는 장례 예식이 도입된 일이다. 그러나 이 일이 독립교회파가 옛 스코틀랜드 관습을 포기하는 것을 막지는 못했다. 많은 잉글랜드인들이 장례 설교에 호의적이었던 것을 제외하더라도 웨스트민스터의 스코틀랜드인과 청교도들은 유럽 대륙의 많은 개혁자들처럼 이 문제에 관하여 일치된 생각을 갖고 있기 때문이었다. 실제로 예배 의식은 제네바 예식서에서 유래된 일반 예배모범을 수정한 형태로 재가를 받았다. 그러나 핌(Pym)이 장례식 설교를 할 때, 일부 총회 회원들은 참석했지만 스코틀랜드 위원들은 참석을 거부했다. 한편, 고인의 집과 장지에서 장례 예식을 금지한다는 예배모범 규정에는 모두가 분명하게 동의하였다. 그리고 교회에서 일련의 예배를 재가하기 위하여 다소간 힘써 노력할 필요가 있다는 데에도 동의하였다. 그 이후 스코틀랜드는 장례식에서 모든 종교적 의식을 피하게 되었다. 고인에 대한 경의의 표시는 매우 다양하여 성대한 손님 접대가 있었으며, 종종 잡다한 물건들을 함께 묻었다. 이윽고 장례식은 왜곡되었고 그것을 금지하는 법이 반포되자 스코틀랜드 장례식에 붙은 불명예는 감소되었다. 목사가 참석하게 되었고 소위 은혜와 답례라는 이름으로 손님들에게 다과가 제공되었으며, 성대한 의식에 적합한 경건한 노력이 뒤따랐다. 스코틀랜드 생활과 성격에 대한 지식에 탁월하고, 이 점에 관해 확신 있게 말할 자격을 갖춘 장로인 한 증인은 18세기 말로 생각되는 한 어부의 장례식을 다음과 같이 묘사했다.

> 이러한 가장 엄숙한 의식에서조차 스코틀랜드 목사들은 천주교나 영국 국교회 의식을 장려한다는 생각을 주지 않으려고 하나님께 대한 예식을 거부했다. 더 훌륭하고 자유로운 판단에 따라 스코틀랜드 목사 대부분은 기

도와 권고를 할 기회를 갖게 되었는데 이것이 현재의 의식이다. …… 그러나 이러한 품위 있고 훌륭한 의식은 당시에는 채택되지 않았고, 적어도 브래터골도 거기에 따르지 않았으며, 의식은 어떠한 경건한 기도도 없이 진행되었다(Antiquary, chap. xxxi).

월터 경(Sir. Walter)이 보았던 개혁의 시작은 곧 퍼져나가 매장지와 교회에서 점차로 예배 의식을 대신하게 되었다.

예배모범의 늦은 출발에 대한 이런 간략한 논평들은 공화국 시대와 근대를 연결하는 다리를 놓았다. 근대에는 예배 예식서(service-books)가 또 다른 주제를 다루어야 했다. 이제 편집자는 예배모범 본문을 소개하고 해설을 덧붙이고자 한다. 다음의 간행본은 증쇄판인 1644~1645년에 에반 타일러가 영국에서 출판한 원본이다. 책의 역사가 오래된 원전들은 보다시피 매우 제한적이다. 따라서 1868년 판 편집자가 편집한 초기의 증쇄판에 달았던 많은 해설을 수저 없이 활용했다. 부록으로는 총회에 제출한 영국 의회의 법령과 예배모범을 비준하는 스코틀랜드 총회와 의회의 법령, 바다에서 선원들이 사용하는 예배모범의 기도 형식, 그리고 폐지해야 한다고 제안된 스코틀랜드 관습을 언급하면서 자기 동료들에게 보낸 베일리의 논문, 그리고 교리와 서임식과 관련이 있는 교회 정치에 관한 수많은 웨스트민스터 예배모범 등이 추가되어 있다.

[제1 영어판 표지 복사본]

잉글랜드, 스코틀랜드, 아일랜드의 공중 예배에 관한 예배모범

대영 제국과 웨일즈 공화국 전 지역에서 일반 기도서를 폐지하며
본 예배모범을 확립하고 준수하기 위한 의회의 법

Die Fovis, 13 Martii 1644.

주님이 명령하시고 공동으로 소집된 의회에서 제정된 본 법령과 모범서는
즉시 복사하여 발행토록 한다:

J<small>OH</small> : B<small>ROWN</small>, 목사   H. ELSINGE, 서기
Parliamentorum.   Parl. D. Com.

런던:
에반 타일러(Evan Tyler), 알렉산더 피필드(Alexander Fifield),
랄프 스미스(Ralph Smith), 존 필드(John Field)가 발행함.
1644, 왕립 환전소 근처의 콘힐에 있는 Sign of the Bible에서 판매함.

내 용

Ⅰ. 예배모범 제정법 -- 37

Ⅱ. 시작하는 말 --- 39

Ⅲ. 공중 기도, 성경 봉독, 시편 찬송, 설교, 성례전 집전과 그 밖의
   일반적이거나 특별한 공중 예배 순서를 위한 예배모범 ---------------- 43
   1. 회중들의 모임과 예배를 위한 자세에 관하여 / 43
   2. 성경 봉독 / 44
   3. 설교 전의 공중 기도 / 45
   4. 설교 / 51
   5. 설교 후 기도 / 56
   6. 성례전 / 57
      1) 세례식 / 57
      2) 성찬식 / 61
   7. 주일 성수 / 66
   8. 결혼 예식 / 67
   9. 환자 심방 / 70
   10. 장례 예식 / 75
   11. 공적인 금식 / 76
   12. 감사 주일 / 78
   13. 시편 찬송 / 80
   14. 부록 - 공중 예배를 드리는 일시와 장소 / 81

Ⅳ. 해설 --- 83

　　1. 들어가는 말 / 83

　　2. 공중 집회와 예배 순서 / 88

　　3. 성경 봉독 / 92

　　4. 설교 전의 공중 기도 / 97

　　5. 설교 / 99

　　6. 설교 후 기도 / 101

　　7. 세례식 / 103

　　8. 성찬식 / 111

　　9. 주일 성수 / 127

　　10. 결혼 예식 / 128

　　11. 환자 심방 / 131

　　12. 장례 예식 / 131

　　13. 공적인 금식 / 135

　　14. 감사 주일 / 136

　　15. 시편 찬송 / 137

　　16. 부록 - 공중 예배를 드리는 일시와 장소 / 142

Ⅴ. 부록 --- 145

　　부록 A : 의회 법령(1643년 6월) / 145

　　부록 B : 에딘버러 총회 법령(1645년 2월, 제10 회기) / 148

　　　　　　 에딘버러 총회 법령(1645년 2월, 제14 회기) / 151

　　부록 C : 찰스 1세 법령(제3 의회, 제5 회기) / 154

　　부록 D : 기도문 / 155

　　부록 E : 동료에게 보내는 베일리(Baillie)의 소고 / 166

　　부록 F : 교회 정치 / 168

예배모범 제정법

1644. 1. 3.
일반 예식서(BOOK OF COMMON-PRAYER)를 폐지하고
공중 예배를 위한 예배모범(DIRECTORY)을 제정하여
시행하고자 하는 의회의 법령.

　　의회에 모인 상.하원들은 이 나라에서 일반 기도서(Common-Prayer)로 인해 발생되는 복잡한 불편 사항을 진지하게 고려하여 해결하였고, 하나님의 계약에 따라 하나님 말씀에 근거한 종교 개혁을 시도하는 바, 최고의 개혁교회 모범을 의논하려는 목사, 경건자, 신학자들이 함께 모였다. 그 결과 일반 기도서는 폐지되어야 하며 이후로 언급될 공중 예배를 위한 예배모범(Directory)을 출판하여 본 왕국의 모든 교회에서 준수하기로 결정하였다. 그리하여 상.하 양원이 공동으로 소집된 의회에서 에드워드 6세 제2 년과 제3 년에 일명 「통일 예배 의식과 성찬 의식을 따르지 않은 데 대한 처벌」이라는 법령이 제정되었다.
　　에드워드 6세 제5 년과 제6 년의 법령, 즉 통일 기도서와 성찬 의식은 교회에서 사용하도록 한다. 엘리자베스 여왕 제1 년의 법령 역시 통일 기도서와 위에서 언급된 일반 기도서, 성찬 의식에 대한 통일 기도서와 성찬 의식도 사용되어야 한다. 엘리자베스 여왕 제5 년의 법령은 여왕의 명령에 의해 일반 기도서의 관심사인 성경과 공동 기도문을 웨일즈어로 번역하도록 한다. 엘리자베스 제8 년의 법령, 즉 엘리자베스 제1 년 이후 대주교와 주교들에 의해 만들어진 성화와 성의의 착용에 관한 모든 법령도 마찬가지이다. 앞으로 폐지된 것에서 나온 법률은 의도와 해석과 목적이 무엇이든 폐지되고 무효가 되며 효력을 잃게 된다. 위에 말한 일반 기도서는 잉글랜드, 웨일즈령의 왕국에서 앞으로 교회나 예배당, 또는 공중 예배에서 사용할 수 없다. 여기 새로 준비한 공중 예배를 위한 예배모범은 진실한 의도와 법령에 따라 이 시간 이후부터 사용되고 준수되도록 한다. 잉글랜드와 웨일즈령 통치 아래 있는 모든 공중 예배와 예배당, 교회, 집회의 예배 의식에서도 예배모범을 사용하도록 한다. 공중 예배를 위한 예배모범 본문은 서문 다음에 나온다. 이것은 앞서 말한 당국자들이 신중히 제정하였으며, 잉글랜드와 웨일즈령의 영토 안에 있는 모든 교구와 지역 교회의 책임 하에 '베림의 공정한 등록 장부'(fair Register Book of Velim)가 제공될 것이므로 목사와 교회 직원이 이것을 잘 보관하도록 한다. 세례 받은 모든 아이들과 부모의 이름, 아기가 태어나고 세례 받은 시간은 모두 목사가 그 책에 기록하도록 한다. 결혼한 모든 사람의 이름과 결혼 날짜도 적어야 한다. 교구 내의 모든 사망자와 사망 시간, 매장지도 그 책에 기록한다. 그 책은 기재된 사람의 출생, 세례, 결혼, 장례에 관한 내용을 알고 싶어 하는 모든 사람들에게 보여주고 복사해 주며 증명서를 발급해 주어야 한다.

시작하는 말

　종교 개혁 초기에 현명하고 경건한 우리 조상들은 많은 오류를 바로잡기 위해 예배 규범을 공표하는 데 관심을 가지고 말씀에 비추어 공중 예배에서 나타난 헛되고 잘못된 것들, 미신적이고 우상적인 요소들을 발견하게 되었다. 이것은 신실하고 학식 있는 많은 사람들에게 당시에 발표된 일반 예식서를 매우 환영하게 하였는데, 그 이유는 미사와 나머지 라틴어 예배가 폐지되고 자국어로 공중 예배를 드리게 되었기 때문이었다. 그 전까지 성경은 평민들에게 봉인된 책이었으나 이제는 자국어로 번역되어 봉독되는 성경을 듣게 됨으로써 많은 평민들이 은혜를 경험하게 되었다.
　그러나 길고도 슬픈 과거의 경험으로 인해 잉글랜드 교회에서 사용된 일반 예식서는 그것을 정리한 사람들의 수고와 종교적인 취지에도 불구하고 국내 경건한 사람들에게는 물론 외국 개혁 교회에서도 명백히 적대시되고 있었다. 왜냐하면 부담만 크게 증폭시키는 기도문을 읽도록 강요하였고, 일반 예식서 안에 담긴 부적절하고 부담스러운 의식이 많은 악영향을 미쳤기 때문이다. 또한 그 의식을 따를 수 없는 많은 목사들과 일반 성도들의 양심을 무디게 하고, 그들의 성례전을 박탈함으로써 그 기도서 의식에 부합하거나 복종하지 않고는 기쁨을 누릴 수 없게 하였다. 그로 인해 많은 신실한 기독교인들이 주님의 성찬 성례전에 참여하지 못했고, 능력 있고 믿음 있는 목회자들이 목회 활동을 금지당하여 가뜩이나 신실한 목회자가 부족한 시대에 수천 영혼이 위험에 이르게 되었으며, 목회자들과 가족들이 아무 것도 할 수 없도록 생계를 위협하였다. 고위직에 있는 목사들과 그 추종자들은 마치 일반 예식서가 아니면 예배나 하나님을 경배하는 방법이 없는 것처럼 일반 예식서의 가치를 높이려고 노력하였다. 말씀을 설교하는 데 큰 장애물로, 최근 어떤 곳에서는 불필요한 것으로 밀어냈으며, 일반 기도서를 읽는 것보다 훨씬 열등하다고 여김으로써 무지하고 미신적인 사람들에게 우상처럼 여겨졌으며, 사람들은 의식에 참여하면서 기뻐하고 그것을 읊조리면서 자신들을 더욱 무지하게 만들어 지식과 경건을 좇는 것에 무관심하게 되었다.

그러는 동안 교황주의자들은 그 책이 상당무문 예배에 순응한다고 자랑하게 되었다. 스스로를 개혁하려고 노력하지 않고 오히려 우리가 그들에게로 가 줄 것을 기대했기 때문에 미신과 우상을 상당히 고집했다. 그들은 최근에 이른바 과거의 의식이 부여하고 있는 가식적인 보장에 매우 고무되어 기대감 속에서 날마다 새로운 것들을 교회에 강요하였다. 이에 덧붙여, 예견되지 않았으나 나중에 통과된 일반 예식서는 한편으로는 나태하고 미숙한 목회를 성행하게 하는 수단이 되었다. 그리고 주 예수 그리스도께서 자신의 사역에 부르신 주님의 모든 종들에게 기꺼이 제공하신 기도의 은사를 자신들이 직접 사용하지 않고 다만 남들이 만든 기도문으로 만족하게 하였다. 다른 한편으로 그것은 끝없는 싸움과 교회 분쟁의 불씨가 되었고, 박해 때문에 숨어 있는 주님의 신실한 목사들과 다른 희망에 찬 사람들에게 올가미가 되었다. 그들 중 많은 이들이 실제로 그랬으며, 계속해서 목회가 아닌 다른 학문으로 전환하게 하였다. 특히 후반기에 이르러 하나님께서는 그의 백성들에게 잘못된 것과 미신을 찾아낼 더 좋은 많은 방법을 허락하시어 신성의 신비로움을 깨닫고 설교와 기도 은사를 허락하셨다.

　　이에 대하여, 그 책을 전체적으로 심도 있게 검토하는 이유는 이 책이 담고 있는 여러 가지 세부사항 때문이다. 이것은 새로운 경험을 좋아하거나 최초의 종교 개혁자들을 비난하려는 의도는 아니다. 만일 그들이 살아 있다면 이 일에 동참했을 것이며 우리는 그들을 최고의 도구, 즉 하나님이 부르셔서 교회를 정화하고 건축하는 도구로 인식할 것이다. 우리는 그들이 영원한 기억 속에서 감사와 존귀로 우리와 후손들과 함께하기를 희망한다. 다만 어떤 의미에서 우리는 더 나은 개혁을 위하여 이 때에 우리를 부르시고, 우리 양심을 만족케 하시며, 다른 개혁교회들의 기대와 우리 가운데 수많은 경건한 자들의 소망에 부응하게 하시는 주님의 영광된 섭리에 응답할 수 있을 뿐 아니라, 더 나아가 '신성한 동맹과 서약'(Solemn League and Covenant) 아래 맹세한 예배 일치를 위한 노력의 공적인 증거를 제공하게 될 것이다. 여러 번 진지하게 하나님의 이름으로 모여서 협의한 후에 우리는 육체와 피가 아닌 하나님의 거룩한 말씀에 따라 과거에 예배에서 공식적으로 사용했던 예전을 의식과 기념식과 함께 폐지하기로 결정했다. 또 보통 때나 특별한 모든 공중 예배에서 다음의 예배 모범을 사용하기로 합의했다.

　　따라서 우리의 관심은 모든 규령을 하나님의 법규로 여기는 바이며, 어떤 것은 해설을 덧붙였고, 어떤 것은 하나님의 말씀의 일반적인 규범에 일치하도록, 그리고 기독교인의 신중한 관례에 따라 진술하도록 노력하였다.6) 우리의 취지는 오직 기도문의 의미와 목적, 그리고 공중 예배의 다른 부분들을 모두에게 알리는 데 있으므로 모든 교회는 구체적인 예배와 봉사를 포함한 그 부분에 동의하게 될 것이며, 목사들은 규범과 기도를 건전하게 유지하기 위해 지도하고, 필요하다면 도움이나 지식을 받을 수 있을 것이다. 이렇게 해서 그들이 받은 그리스도의 은사에 열심을 내는 데 게으르거나 나태하지 않게 될 것이다. 각자는 묵상을 통해 자신과 자신에게 위탁된 하나님의 백성들에게 최선을 다하고 하나님이 섭리하시는 방법을 지혜롭게 준수함으로 자신의 마음과 언어는 물론 나아가 모든 경우에 필요로 하는 기도와 찬양을 위한 자료를 더 신중히 제공받게 될 것이다.

---

6) 원안에는 본 조항이 누락되어 있다.

공중 기도, 성경 봉독, 시편 찬송, 설교, 성례전 집전과 그 밖의 일반적이거나 특별한 공중 예배 순서를 위한 예배모범

1. 회중들의 모임과 예배를 위한 자세에 관하여

공중 예배를 드리기 위해 회중이 모이면 사람들은 모두 마음의 준비를 하고 예배 장소에 미리 참석한다. 태만이나 사적인 모임으로 인해 공중 의식에 빠지지 않도록 한다.

회중들은 공손하고 엄숙하고 정숙한 태도로 예배당에 들어가 특정 장소를 향해 절하거나 또는 서로 인사하지 않고 자리에 앉는다.

회중이 다 모이면 목사는 위대하신 하나님의 성호를 향한 장엄한 예배로 그들을 부른 후에 다음과 같은 기도로 예배를 시작한다.

"모든 경외와 겸손 중에 주님의 한없는 위엄과 영광을 고백하나이다. 그의 임재하심 가운데에 그의 영광과 위엄은 특별한 방법으로 나타납니다. 우리는 그토록 큰 사역을 감당할 수 없고 주께로 가까이 가기엔 너무나 비천

하며 그럴 만한 가치가 없는 사람들임을 고백하옵니다. 또한 모든 예배에서 주께 겸손하게 용서와 도움과 용납을 간구합니다. 그리고 지금 읽을 주님의 말씀에 은혜를 내려 주시옵소서. 모든 것을 주 예수 그리스도의 중보와 그의 이름으로 기도하옵나이다."

예배가 시작되면 회중들은 예배에 전적으로 참석하여 목사가 읽거나 인용하는 것 외에 어떤 것도 읽어서는 안 된다. 사담을 자제하고 소곤거리거나 인사하지 말며 예배에 참석한 다른 성도들에게, 또 들어오는 성도들에게도 경의를 표하지 않도록 한다. 주의를 둘러보거나 졸거나, 목사 혹은 다른 회중을 방해할 소지가 있거나, 예배 중에 자신이나 다른 사람이 하나님께 예배드리는 것을 훼방하는 품위 없는 행동을 해서도 안 된다. 부득이하게 예배에 늦을 때는 예배당에 들어와서 개인 기도를 하지 말고 경건하게 진행 중인 하나님의 예식에 즉시 참여하도록 한다.

2. 성경 봉독

공중 예배의 한 순서인 성경 봉독은 하나님께 대한 우리의 의지와 순종을 고백하는 시간이며 하나님의 백성을 훈육하기 위해 하나님이 거룩하게 하신 것으로 목사와 교사가 진행한다.

장차 목회를 하려고 준비하는 사람들은 만일 노회가 허락한다면 때에 따라서 회중 가운데 성경을 봉독하거나 설교를 할 수 있다.

일반적으로 외경이라 불리는 것을 제외한 신약과 구약 모든 정경은 가장 훌륭한 공인 번역본으로 모든 사람들이 분명하게 들을 수 있고 이해할 수 있는 대중 언어로 회중 앞에서 봉독되도록 한다.

한 번에 몇 장을 읽을 것인지는 목사가 지혜롭게 결정한다. 통상적으로 매 집회 때마다 신.구약 한 장씩을 읽는 것이 좋으며, 종종 짧은 장이거나 내용상 연결이 필요할 때는 더 읽을 수 있다.

회중이 전체적인 성경 말씀에 더욱 익숙해지도록 성경은 반드시 순서대로 읽어야 하고, 일반적으로 이번 주일에 성경 봉독이 끝난 뒤부터 다음 주일에 계속 읽어 나간다.

또 성경 봉독자가 말씀을 듣는 회중을 가르치는 데 필요하다고 생각되면 시편 같은 책을 더욱 자주 읽을 것을 권면한다.

봉독한 목사가 봉독한 말씀의 어떤 부분을 상세히 설명해야 할 필요가 있다고 판단될 때에는 장 전체 또는 시편이 끝난 후에 강해할 수 있다. 설교 또는 다른 순서에 지장을 받거나 지루해지지 않도록 시간을 항상 고려한다. 이러한 모든 규칙은 다른 모든 순서에서도 지켜져야 한다.

공적인 성경 봉독 시간 이외에도 글을 읽을 수 있는 모든 사람들은 개인적으로 성경을 읽도록 권면하는 바이며, 나이나 그 밖의 이유로 성경을 읽지 못하는 사람은 글 읽기를 배우도록 권면한다. 개인적으로 성경책을 소지할 수 있다.

3. 설교 전의 공중 기도

말씀 봉독 후, 또는 시편 찬송 후 설교할 목사는 자신과 회중의 마음이 죄로 인해 오염되어 있음을 올바로 인식하여 참회하는 심령으로 더욱 간절히 죄를 고백하고 주님 앞에 통회하도록 힘쓰며, 예수 그리스도 안에서 하나님의 은총을 사모하는 갈급함과 목마름 속에서 거룩한 표정으로 주님을 부르며 이렇게 기도한다.

우리의 대죄를 고백하오며, 먼저 다른 모든 죄의 씨앗인 원죄, 즉 우리를 영원한 저주에 이르게 하는 죄, 육체와 영혼의 힘, 그리고 모든 능력이 타락하였고 쇠약해졌으며, 우리의 선행은 오염되었고, 만일 구속되지 않았거나 은혜로 인하여 우리 마음이 새롭게 되지 않았다면 헤아릴 수 없는 많은 범죄와 사악한 인간의 후손에 의해서 저질러진 주님에 대한 가장 큰 반역에로 나아갔나이다. 그리고 실제적인 죄로 인하여 우리 자신의 죄, 관료와 목사들의 죄, 나라 전체의 죄, 여러 면에서 우리는 방조죄를 지었으며, 우리 죄는 매우 악화되어서 신성하고 바르고 선한 주님의 법도를 지켜야 할 명령을 깨뜨리고 금지된 것을 행하며 명령한 것을 행하지 않았나이다. 무지와 도덕적 결함, 교만으로 인해 마음의 양심을 거역하고 양심의 제재를 받지 않았으며, 주님의 신성한 정신에 반하여 죄를 핑계할 수 없게 되었나이다. 풍성한 주님의 선하심과 오래 참으심을 멸시하였을 뿐 아니라, 복음 안에서 많은 은총의 초대와 인도를 완강하게 거부하였고, 주님을 믿음으로 마음에 영접하는 데 힘쓰지 않았으며, 삶 속에서 귀하신 주님과 동행하기를 소홀히 하였나이다.

무지함, 강팍한 마음, 불신앙, 회개하지 않음, 안일함, 미온적인 신앙, 결실 없는 신앙을 회개하오며, 중생의 삶과 고행을 추구하지 않은 점과 권능 안에서 신실하지 못했음을 회개합니다. 우리 대부분이 주님과 확실하게 동행하지 않았고, 의복을 깨끗하게 간직하지 못했으며, 주님의 영광을 위해 마땅히 가져야 할 열정과 다른 사람들을 위한 선행도 실천하지 못했나이다. 하나님의 자비와 그리스도의 사랑, 말씀의 빛, 종교 개혁, 우리 자신의 목적, 약속, 맹세, 엄숙한 계약과 다른 특별한 은총을 나타내 주셨음에도 불구하고 거기에 반하여 회중들이 그러한 죄를 범한 사실에 대하여 통회하옵니다. 우리는 분명히 죄를 지었으며, 따라서 마음속에서부터 추호도 은혜를 받을 가치가 없고, 주님의 진노하심과 율법의 저주를 받아 마땅하며, 최고의 반역자에게 부과되는 중한 심판을 받아야 함을 고백합니다. 그리고 주님은 우리에게서 당연히 그의 나라와 복음을 거둬 가실 수 있고, 우리에게 온갖 종류의 영육 간의 심판을 하실 수 있으며, 종국에는 우리를 어둠 속에, 애통함과 이를 갊이 있는 유황불에 던질 수 있는 분이심을 고백합니다.

이 모든 것에도 불구하고, 우리는 기도의 은혜로운 응답에 대한 소망이 유일한 희생양이신 하나님 아버지의 우편에 계신 주 예수 그리스도의 속죄와 중보 가운데 있으며, 그 중보자를 통한 새로운 언약 안에서 자비와 은총의 귀한 약속을 확신하면서 은혜의 보좌 앞으로 나아갑니다. 그 중보자를 통하여 피할 수도, 견딜 수도 없는 하나님의 중한 저주와 분노를 면케 하셨나이다. 우리의 모든 죄를 온전히 사해 주실 주님의 자비를 겸허하고 진실되게 간구하오며, 오직 구주 예수 그리스도의 고난과 귀한 공로만을 의지하옵니다.

주님은 성령님을 통하여 우리 마음속에 그의 넓은 사랑을 충만히 허락해 주시나이다. 동일한 양자의 영에 의하여 용서와 화해의 충만한 확신에 의하여 우리를 인치시며, 시온에서 신음하는 모든 자를 위로하시고, 병든 자와 상한 영혼에게 평화를 전하시고, 마음이 상한 자를 싸매 주시나이다. 안일하고 뻔뻔스러운 죄인들에게 하나님은 그들의 눈을 여시어 양심을 깨닫게 하시고 어두움에서 빛으로, 사탄의 권세에서 하나님께로 돌아서게 하시며, 죄 용서를 받게 하시고, 그리스도를 믿는 믿음으로 성화된 그들 가운데서 상속을 받게 하시나이다.

그리스도의 피로 인한 죄 사함과 함께 성령님을 통해 성화되기를 기도하나이다. 우리 안에 거주하면서 자주 폭군처럼 우리를 다스리는 죄를 버리고, 죽은 영을 그리스도 안에서 하나님의 생명으로 부활시키심을 감사하나이다. 하나님과 인간에 대한 대화와 부르심의 모든 의무를 적절하게 수행할 은총을 간구합니다. 시험에 들지 않게 힘을 주소서. 거룩한 복과 십자가의 성스러운 의식을 위하여 믿음 안에서 견디며 끝까지 순종하기를 간구하나이다.

그리스도의 나라와 복음이 온 나라에 전파되기 위하여 간구합니다. 유대인의 개종, 이방인들의 충만함, 적그리스도의 몰락, 주님의 신속한 재림을 위하여 간구하오며, 반기독교 세력으로 인한 폭정과 터어키의 불경스럽고 잔인한 억압으로 고통 받는 해외 교회를 구원하여 주소서. 개혁교회, 특히 더욱 엄격하고 경건하게 '신성 국가 동맹 계약'(Solemn National League and Covenant)으로 단결한 스코틀랜드, 잉글랜드, 아일랜드 교회에 주님의 은총이 임하기를 간구합니다. 전 세계 외딴 곳에 있는 식민 국가를 위하여, 특히 우리가 속해 있는 교회와 왕실을 위하여, 그 곳에서 평화와 진리, 하나님의 모든 규례가 순전히 지켜지고 경건의 능력이 서도록, 이단과 분파, 신성 모독, 미신, 평안함과 은총 속에서 열매 맺지 못하는 현상을 막고 저지하기 위하여, 거룩한 언약을 지키지 못함에서부터 우리를 보호해 주시기를 간구합니다.

모든 권세자, 특히 국왕 폐하를 위하여 간구하오니, 하나님께서 그의 관료들과 정부에 풍성한 은총을 허락하시고, 믿음과 의로움 위에 그의 보좌를 세우시며, 악한 궤계에서 구하시며, 복음 전파와 유지를 위한 복되고 영광스러운 도구가 되게 하옵소서. 선을 행하는 이들에게 용기를 주시고 악의 공포에서 보호하시며 모든 교회와 나라의 크신 은총을 위하여 간구하옵니다. 여왕의 회심, 황태자의 신앙 교육, 고난당하는 우리 국왕의 자매 보헤미아 여왕의 평안을 위하여, 또 저명한 독일의 선제후 찰스 왕자와 그의 영토, 존엄의 회복과 확립을 위하여, 특히 의회와 각 왕국이 개회 중일 때의 귀족들, 판사와 행정관들, 귀족 바로 아래 계급의 명문가 사람들, 그리고 모든 평민들의 삶을 축복하소서.

목사와 교사를 위하여 간구하오니, 하나님께서 그들을 성령님으로 충만케 하시며, 모범적으로 거룩하고 건전하며 바르고 화평하여 은혜로운 삶을 살게 하소서. 그들의 목회가 온전하고 신실하며 힘 있게 하시고, 그들의 모든 노력에 성공과 충만한 복이 따르게 하시며, 하나님의 뜻에 따라 맡겨진 하나님의 백성을 잘 섬기게 하옵소서. 대학과 모든 학교, 교회와 국가의 신학교를 위하여, 그리고 그들이 학문과 경건 속에서 더욱 더 융성해지기를 원합니다. 각 도시와 회중을 위하여 기도하오니, 하나님께서 말씀 사역과 성례전과 훈련, 시 정부와 각자의 가정, 사람들에게 은총으로 임재하시기를 기원하오며, 내적으로나 외적인 슬픔으로 인하여 고통 받는 자들에게 자비를 베푸시기 원합니다. 계절에 따라 적합한 날씨를 주시고 시절을 좇아 풍성한 열매를 맺게 하소서. 기근과 흑사병, 무력과 같이 우리가 느끼거나 두려워하며 또한 벗어날 수 없는 심판을 면하게 하시기를 간구하옵니다.

하나님의 모든 교회에 자비로써, 대제사장이신 우리 주 예수의 중보와 은총을 통하여 인간들을 용납하여 주시고, 하나님의 거룩한 예식이 경건하고 올바로 집행될 때, 하나님과 더불어 친교를 나누는 것이 우리 영혼의 소망임을 고백하옵니다. 그러한 목적을 위하여 주님의 날, 곧 하나님의 거룩한 안식일을 성수하기 위해 하나님의 은혜와 실제적인 도움을 정직하게 간구하나이다. 대중이든, 개인이든 우리 모두의 의무를 지키며, 우리 자신과 다른 모든 하나님의 백성들의 모임 가운데 복음의 풍성함과 탁월함에 따라 이날을 지키며 즐거워하게 하소서.

우리는 과거에 무익한 존재들이었고, 현재에도 당연히 무익한 존재들로서 스스로 예수 그리스도의 신비와 하나님의 깊으신 뜻을 알 수 없기에 영적인 분별력을 필요로 하나이다. 계속 기도하오니 우리의 유익을 가르치는 주님께서 은혜의 영을 자비롭게 넘치도록 부어주시어 외적인 수단과 함께 우리 주 예수 그리스도의 탁월한 의미를 깨닫게 하소서. 하나님 안에서 우리 평화에 속하는 모든 것들은 하나님과 비교해 볼 때 모두 무가치한 것으로 간주하기를 원하나이다. 장차 드리게 될 영광의 첫 열매를 맛봄으로, 우리로 주 예수 그리스도와 더불어 더욱 충만하고, 더욱 완전한 교제를 갈망하게 하시며, 주님이 계신 곳에 우리 또한 존재하고, 영원히 그의 우편에 있는 기쁨과 희락의 충만함으로 즐거워하게 하옵소서.

하나님께서 특별한 방법으로 생명의 양식을 나눠 주시려고 부르신 하나님의 종들에게 지혜와 신실함, 열정과 언어의 능력을 주옵시고, 성령님의 증거와 권세 안에서 하나님의 말씀을 모든 사람들에게 올바르게 전할 수 있도록 하옵소서. 청중의 영혼을 구할 수 있는 선포된 말씀을 온유함으로 받아들이고, 사랑하며, 귀 기울이도록 주님께서 그들의 마음과 귀에 할례를 행하여 주시옵소서. 듣는 자들이 좋은 말씀의 씨앗을 받을 수 있는 옥토가 되게 하시고, 사탄의 유혹과 세상의 근심, 마음의 강퍅함, 그리고 구원 받게 하는 유익한 말씀을 경청하지 못하게 하는 어떤 것도 이길 수 있는 강한 힘을 주옵소서. 그리하여 그리스도께서 그들 안에 들어와 거하시고, 그들의 생각을 주님께 순종하도록 인도하시며, 그 마음을 모든 선한 말씀과 사역 위에 영원히 세워 주시옵소서.

우리는 일반적인 공중 기도를 할 때 이 내용을 올바른 규정으로 판단한다. 목사는 신중하게 숙고하여 이 기도문 중 일부를 설교 후에 할 수 있으며, 설교 전에 하는 기도에서 나중에 정해질 감사 기도의 일부를 할 수도 있다.

4. 설 교

구원으로 인도하는 하나님의 능력이며 복음 사역에 있어 가장 위대하고 탁월한 일에 해당하는 말씀 선포는 다음과 같이 수행한다. 즉 사역자는 수줍어 할 필요가 없으며 오직 자신과 청중들을 구원하기 위하여 설교하도록 한다.

법령의 규정에 따르면, 주님의 목회자는 엄숙한 예배를 위하여 훌륭한 은사를 갖추도록 한다. 즉 성경 원어에 대한 능력, 예술과 과학을 신성한 것에 사용하는 능력을 갖춘다. 또 신학 전반에 걸친 지식과 무엇보다 거룩한 성경에 대한 감각과 핵심 적용이 일반 신자들보다 한 단계 높은 수준이어야 한다. 그동안 깨닫지 못했던 진리를 하나님께서 알게 하실 때에는 언제든지 받아들이고 인정하는 결단이 있어야 하며, 항상 성령님의 조명과 그 밖에 가르치는 은사, 즉 말씀을 읽고 연구하는 것을 겸손한 마음으로 간구하여야 한다. 목사는 준비한 것을 회중들에게 전달하기 전에 목사의 개인적인 설교 준비 과정에서 이 모든 것을 사용하고 발전시켜야 한다.

일반적으로 설교의 주제는 성경의 본문에서 채택하는데, 기독교의 중요한 원리나 또는 당시의 긴급한 상황에 잘 맞는 내용이어야 하며, 목사가 적절하다고 생각될 때에는 시편의 다른 본문이나 성경 등을 토대로 설교할 수 있다.

본문 그 자체나 상황에서부터, 또는 어떤 비교 부분이나 성경의 일반적인 말씀으로부터 끌어내는 본문에 대한 개요는 간단하고 명백하게 하고, 만일 본문이 길다면 역사나 비유에서 때때로 그렇듯이 그것을 간략하게 요약한다. 본문이 짧을 경우에는 필요에 따라 본문을 꼼꼼히 살펴보고 본문에서 교리의 근거와 주요한 핵심을 지적하도록 한다.

　　본문을 분석하고 나눌 때에는 단어들보다는 내용의 순서에 유의해야 하며, 처음부터 너무 많은 대지를 설정하여 듣는 이에게 부담을 주지 않도록 하고 애매모호한 용어도 사용하지 말아야 한다.

　　본문에서 교리를 주장할 때 가장 중요한 것은 첫째, 그것이 하나님의 진리이어야 한다는 점이다. 둘째, 진리는 본문 안에, 또는 본문에 기초하거나 포함된 것이어야 하고, 회중들은 그 본문을 통해 하나님께서 어떻게 가르치시는지를 분별할 수 있어야 한다. 셋째, 기본적으로 회중의 덕성 함양에 기여하고, 그러한 것을 목적으로 하는 교리를 주로 주장하여야 한다.

　　교리는 쉬운 용어로 표현되어야 한다. 또 설명이 필요한 말씀이 있을 때는 공개되어야 하며, 결론 부분 또한 본문에서 명백히 이끌어 낸다. 교리를 확증하는 성경의 병행 구절을 인용할 필요가 있을 때는 다소간에 당면한 목적을 지지하고 적용하기보다는 오히려 간단하고 적절하게 해야 한다.

　　논증이나 논거는 확실하고 견고하게 한다. 예화는 어떤 것이든 회중들의 마음에 영적인 즐거움으로 진리가 전달될 수 있도록 가벼운 것으로 한다.

　　성경이나 또는 회중의 논거, 편견으로 인해 불분명하거나 의심이 생길 때에는 그것을 해결할 필요가 있는데, 그러기 위해서는 표면적인 차이점을 조정하고 그 논거에 대답하며 편견과 실수의 원인을 발견하여 없애야 한다. 그렇지 않고 쓸데없는 답변이나 제의 또는 사악한 반대로 회중을 옭아매는 일은 적절하지 못하며, 그에 대한 답변이나 제의도 끝이 없으므로 회중들의 덕성 함양을 증진하는 대신에 오히려 방해하는 결과를 가져올 것이다.

증명하거나 확인할 수는 없지만 목사는 일반적인 교리에 전적으로 의존하지 않았고, 청중들로 하여금 선포된 말씀을 적용하며 살게 하기 위해 목사 자신이 설교한 내용을 가정에서 철저히 지켜야만 한다. 이것은 목사라는 직책이 엄청난 신중함과 열정, 묵상을 요구하는 아주 어려운 사역이라는 것을 입증해 주며, 본질적으로 타락한 인간들에게는 매우 언짢은 일일 것이다. 이렇게 함으로써 목사는 회중이 하나님의 말씀을 즉각적이고 강력히 느낄 수 있도록, 그리고 생각과 마음의 의도를 분별하도록 최선을 다한다. 이럴 때 불신자나 무지한 자도 마음속의 비밀을 털어놓고 하나님께 영광을 돌리게 될 것이다.

교리에서 추론되는 진리를 알기 위해 자료와 정보를 사용할 때, 목사는 적당히 해당 본문이나 성경 본문에서, 또는 신학 안에 공통으로 존재하는 핵심 내용을 토대로 몇 가지 논증을 확인하여 그것을 확증할 수 있을 것이다.

거짓 교리를 논박할 때는 케케묵은 낡은 이단론을 제기하지 말아야 하고, 필요 없이 불경한 의견도 언급하지 않아야 한다. 그러나 사람들이 그러한 실수를 저지를 위험에 처해 있다면 목사는 확실하게 논박하고 모든 반대에 맞서 그들의 양심과 판단력을 만족시키기 위해 노력해야 한다.

의무를 다하도록 권고할 때 목사는 의무를 실천하는 데 도움이 되는 방법도 제시해야 한다. 성도를 충고하고 꾸짖으며 공적으로 훈계할 때는 특히 각별한 지혜가 필요하다. 반드시 그럴 만한 이유가 있어야 하고 목사로 하여금 죄의 본성과 심각함, 그리고 그것이 수반하는 불행을 발견하게 하고 그것을 구제할 방법과 피할 수 있는 최선의 길을 제시해 줌과 동시에 회중들이 죄에 정복당하고 거기에 빠지게 되는 위험을 보여 주어야 한다.

모든 시험에 대하여 일반적인 위로를 하거나 어떤 특별한 문제나 두려움에 대한 특별 위로를 할 때 만일 상대방이 상한 마음과 고통 속에서 질문을 하면, 목사는 거기에 대하여 진지한 대답을 해야 한다.

또한 가끔은 시험에 대한 간증을 하는 것도 필요하다. 이것은 특별히 능력 있고 경험이 풍부한 목사가 신중함과 인내를 가지고 확실한 성경적 근거 아래 수행될 때 매우 유익할 것이다. 그로 인해 듣는 자들은 스스로 은총을 받으며, 목사가 권고한 의무를 다했는지, 아니면 비난 받을 죄를 저질렀는지, 판단력이 위협을 받을 처지에 있는지, 위로를 받을 만한지를 스스로 검증할 수 있게 된다. 이로써 그들은 의무에 자극을 받아 더 열심을 내게 되고 부족함과 죄에 대해 겸손해지며 위험을 깨달을 뿐 아니라, 위로를 통해 힘을 얻고, 어떤 상황에서든지 성찰을 하게 될 것이다.

목사는 본문에 있는 모든 교리를 항상 선날할 필요는 없으며, 회중들과 생활하면서 이야기를 나누는 가운데 가장 필요하고 합리적인 부분을 지혜롭게 선택한다. 이렇게 하는 동안 회중들 대부분의 영혼은 빛과 거룩함과 평안의 원천이신 그리스도에게로 인도될 것이다.

이 방법은 모든 사람에게 동일하게 어떤 상황에서든지 반드시 이렇게 해야 한다고 규정하는 것은 아니지만, 다만 하나님이 내리신 크신 복에 근거한 경험과 인간의 이해와 기억에 도움을 줄 수 있는 것으로 권고하는 바이다.

그러나 방법이야 어떻든 그리스도의 종은 다음의 몇 가지를 자신의 사역에서 감당하여야 한다:

1. 수고를 아끼지 않으므로 주님의 일을 소홀히 하지 말라.
2. 분명하게 하여 누구나 그 의미를 이해하도록 하라. 그리스도의 십자가가 무익해지지 않도록 인간의 지혜로 말미암은 말로 유혹하지 말고 성령님과 권능이 나타내시는 대로 진리를 전하라. 또한 알지 못하는 말을 무익하게 사용하지 말며 생소한 구절, 또는 말과 소리의 미사여구를 삼가라. 교회의 판결문이나 기타 인간의 저작물은 고전이나 현대의 것이나 품위가 없으므로 인용하지 말라.
3. 자기 자신의 유익과 영광을 바라보지 말고 그리스도의 영광과 회중의 구원, 회심, 교훈을 믿음의 눈으로 바라보라. 거룩한 목적을 고양시키도록 최선을 다하고, 자신의 분깃을 모든 사람들에게 나눠 주며, 미천한 자를 소홀히 여기지 말고 그들의 죄를 관대히 여기며, 모든 이들을 동등하게 존중하라.
4. 가장 잘 설득할 수 있는 방법으로 모든 교리와 권면, 그리고 특별히 질책의 말을 지혜롭게 사용하라. 각 사람의 인품과 처지에 합당한 경의를 보이고 그의 열정이나 고통을 혼동하지 말라.
5. 엄숙한 하나님의 말씀이 되도록 하라. 인간을 타락시켜 목사와 목회를 경멸하게 만드는 행동이나 목소리, 표현들을 삼가라.
6. 애정을 가지고 일하라. 성도들은 목사가 거룩한 열정과 성도의 유익을 갈망하는 마음의 소원에서 우러나는 것들을 보게 될 것이다.
7. 하나님을 가르치고 진심으로 믿게 함으로써 목사가 가르친 모든 것이 그리스도의 진리가 되게 하라. 회중들 앞에 모범이 되라. 사석이든 공석이든 하나님의 은총을 진실하게 간구하고 자신은 물론 하나님께서 돌보라고 맡기신 회중들을 조심스럽게 살피라. 그리하면 진리의 교리가 부패되지 않고 보존될 것이며, 많은 영혼이 회개하고 새로워지며, 이런 삶을 통해 자신도 많은 평안을 받을 뿐 아니라, 후에는 장차 다가올 세상에서 영광의 면류관을 받게 될 것이다.

목사가 한 명 이상인 집회에서 목회자의 은사가 서로 다를 경우에는 각자의 가장 뛰어난 은사를 따라 모두가 동의하는 가운데 교리를 가르치거나 상담하는 등 더욱 열심히 사역에 전념하도록 한다.

5. 설교 후 기도

설교가 끝나면 목사는 이렇게 기도한다.

하나님의 아들 예수 그리스도를 우리 가운데 보내 주신 하나님의 크신 사랑에 감사드리옵니다. 성령님의 교통하심과 영광된 복음의 빛과 자유에 감사하며 그 곳에 나타난 풍성한 하늘의 은총, 곧 선택, 소명, 양자됨, 칭의, 성화, 그리고 영광의 소망에 감사드리옵나이다. 적그리스도의 어둠과 압제로부터 이 땅을 자유케 하신 하나님의 놀라운 인자하심에 감사하오며, 다른 나라를 구원해 주심도 감사드립니다. 기독교를 개혁해 주셔서 감사드리며, 언약과 수많은 세속적인 삶의 현장에 내려 주신 은총에 감사드립니다.

복음과 모든 의식이 순결과 권능, 자유 가운데서 지속되기를 간구하나이다. 설교의 중요하고 가장 유용한 내용들이 기도가 되게 하시고, 그것이 가슴 속에 심겨져 결실을 맺게 하옵소서.

죽음과 심판을 준비하기 위하여 기도하오며, 우리 주 예수 그리스도의 오심을 기다리나이다. 거룩한 것을 부정케 한 일을 용서해 주시고, 우리의 대제사장이신 구주 예수 그리스도의 공로와 중보를 통하여 우리의 영적 제사를 흠향하여 주시기를 간구하옵니다.

그리스도께서 제자들에게 가르쳐 주신 기도는 기도의 한 모형일 뿐 아니라, 그 자체가 가장 함축적인 기도이므로 우리는 그것을 또한 교회 기도 순서 때 사용하기를 권면한다.

성례전을 거행할 때와 공적인 금식, 추수 감사절, 그 밖의 특별한 행사 때 드리는 공중 기도에 특별한 간구와 감사의 내용을 어느 정도 표현하는 것은 불가피하다. 이 때에 성 총회에 대한 은혜를 위하여, 바다와 땅을 지키는 군인들을 위하여, 왕과 의회, 그리고 왕국의 보호를 간구하는 것은 필수적이다. 목사는 설교 전, 후에 그런 행사들을 위하여 진심으로 기도해야 한다. 기도하는 방법은 목사의 자유이며, 하나님께서는 목사가 의무를 감당할 수 있도록 지혜와 경건을 허락하시고 인도하실 것이다.

기도가 끝나면 상황에 따라, 예를 들어 다른 순서가 없을 때 찬송가를 불러도 좋다. 목사는 엄숙한 축도로 회중들을 세상으로 내보낸다.

6. 성례전

1) 세례식

세례식이 이유 없이 지연되어서는 안 된다. 어떤 경우라도 평신도가 집례할 수 없으며 하나님의 신비의 종으로 부름 받은 종이 수행해야만 한다.

사적으로 개인적인 장소에서 행해져서는 안 되며, 공적인 예배 때 집행하고 사람들이 가장 편하게 듣고 볼 수 있는 회중 앞에서 행하도록 한다. 교황 시대처럼 적절하지도 않고 미신적인 성수반이 있는 곳에서 집행하지 않는다.

세례 받을 아이 이름을 하루 전날 목사에게 알려 준다. 아버지가 참석해야 하며, 부득이하게 참석하지 못할 경우 아이가 세례 받기를 진심으로 소망하며 고백하는 기독교인 동료가 아버지를 대신하여 참석할 수 있다.

세례에 앞서 목사는 아래와 같은 제정사와 세례 성례전의 본질, 유용성, 목적을 간단히 언급한 뒤 약간의 훈계를 한다.

"세례는 우리 주 예수 그리스도께서 정하신 것입니다. 세례는 은총의 언약에 대한 확증이자 그리스도와 접목되었다는 확증입니다. 주님과 연합되었으며, 죄 사함, 부활, 양자됨, 영생을 얻었다는 확증입니다. 세례 때의 성수는 우리의 모든 원죄와 자범죄를 사하여 주시는 그리스도의 피를 나타내며 의미하는 것입니다. 그리고 죄의 지배와 악한 원초적인 타락을 거룩하게 하는 그리스도의 공로입니다. 물로 씻고 뿌리면서 세례를 베푸는 것은 그리스도의 공로와 피에 의하여 수치스러운 죄가 깨끗해졌음을 의미하며, 그리스도의 죽음과 부활을 통해 죄에서 새 생명으로 부활함을 의미합니다. 이 약속은 믿는 자들과 그 자손들에게 주어졌습니다. 신앙 안에서 태어난 믿음의 자손과 그 후손들은 출생과 함께 언약 관계를 맺게 되고 그것의 확증에 대한 권리를 가지며, 구약 시대에 아브라함의 자손들과 마찬가지로 복음 하에서 교회의 외적인 특별한 권리도 갖게 됩니다. 실제로 은총의 언약도 마찬가지입니다. 하나님의 은총과 믿는 자들에 대한 위로도 전보다 더 풍성해집니다. 하나님의 아들이신 예수님께서는 자기 앞에 있는 어린아이들을 인정하시고 그들을 안으사 축복하시면서 하나님 나라는 이런 자의 것이라고 말씀하셨습니다. 세례 받은 아이들은 세상과 구별되는 가시적인 교회의 품에 엄숙히 받아들여지며, 세상과는 상관없이 신자들과 연합됩니다. 그리스도의 이름으로 세례 받은 모든 사람은 세례를 받음으로써 세상과 사탄과 육정에 대항하여 불가피하게 싸우게 됩니다. 그들은 그리스도인이며 세례 이전에 공적으로 거룩한 자이므로 세례를 받게 되는 것입니다. 세례의 내적인 은총과 공로는 세례식이 거행된 그 순간에 그쳐서는 안 되며 그 권세와 열매는 우리 생애 전반에 미쳐야 합니다. 세례 외적인 은총과 공로는 만약 그들이 그리스도의 의식을 경멸하거나 소홀히 하지 않는다면, 아이가 저주의 위험에 있다거나 또는 부모가 죄 의식을 느끼고 있는 것과 같은 결함 때문에 필요한 것은 아닙니다."

이러한 훈계를 할 때 목사는 세례 교리에 대한 사람들의 무지와 오류를 시정하기 위하여, 또는 그들의 교육을 위하여 필요하다고 생각될 때에는 자신의 재량권과 신실한 지혜를 사용하여야 한다.

목사는 또한 참석한 모든 사람들에게 이렇게 권면한다.

"여러분 각자가 세례 받던 때를 회고해 보십시오. 하나님과의 언약을 저버린 죄를 회개하시고, 믿음을 굳건히 하시며, 하나님과 자신의 영혼 사이에서 확증된 언약과 세례를 바르게 사용하고 그것을 향상시키십시오."

목사는 부모에게 이렇게 권고한다.

"당신과 당신의 자녀들을 향한 하나님의 위대한 자비를 기억하십시오. 주님의 교훈과 훈계 안에서, 그리고 기독교에 근거한 지식 안에서 자녀를 양육해야 합니다. 당신과 자녀들을 향한 하나님의 진노의 위험을 자녀가 깨닫게 하십시오. 당신의 의무를 이행하기 위해서는 엄숙한 약속이 필요합니다."

이 의식이 끝나면 제정의 말씀에 이어 기도를 한다. 이는 영적으로 사용할 물을 거룩하게 하기 위한 것이다. 목사는 이러한 취지로 다음과 같이 기도한다.

"하나님과의 언약이 없는 이방인처럼 우리를 버리지 않으시고 하나님의 성례의 특권으로 우리를 부르신 주님께서, 이 시간 세례 성례전에 복주시고 은혜로 거룩하게 하옵소서. 주님은 외적인 물세례를 내적인 성령님 세례와 연합하게 하셨나이다. 이 세례가 양자의 확증, 죄 사함, 중생, 영생, 그 밖의 모든 은총의 언약에 대한 확증이 되게 하소서. 이 아이가 그리스도의 죽음과 부활의 모습을 새기게 하시고, 죄의 실체는 파괴되어 일생 동안 생명 가운데서 주님을 섬기게 하옵소서."

그리고 나서 목사는 아이의 이름을 물은 뒤, 이름을 부르면서 다음과 같이 말한다.

"내가 이 아이에게 성부와 성자와 성령의 이름으로 세례를 주노라."

이렇게 말하면서 아이에게 물세례를 준다. 세례를 거행할 때는 어떤 다른 의식을 추가하지 않고 아이의 얼굴에 물을 뿌리고 흘리는 방법이 충분히 합법적이며 가장 적절하다.

이 후에 목사는 다음과 같이 또는 다음과 비슷한 취지로 감사 기도를 드린다.

"주님은 언약을 지키시고, 자비를 베푸는 데 진실하고 신실하신 분이심을 온전한 감사로 고백하나이다. 주는 선하시고 은혜로우시며, 우리를 주님의 성도 가운데 속하게 하셨고, 우리 아이들에게 그리스도 안에서 주님의 사랑의 이 유일한 징표와 확증 주시기를 즐거워하시나이다. 주님은 진리와 특별한 섭리 가운데서, 그의 교회의 성장과 영속을 위하여 귀하신 주님의 아들의 피로 사신 무한한 은혜의 참여자들을 매일 교회의 품으로 인도하시나이다."

"주님은 지금도 계속해서 말할 수 없는 주님의 사랑을 날마다 더 많이 베푸십니다. 오늘 세례를 받아 성결한 믿음의 가족이 된 아이를 받으시고 주께서 주님의 사람들에게 보여 주신 사랑으로 이 아이를 기억하옵소서. 혹시 그가 어릴 때 세상을 떠나면 자비가 풍성하신 주께서 기쁘게 그를 영광 가운데 받으시기를 원합니다. 그가 살아서 분별할 줄 아는 나이가 될 때, 그를 주님의 말씀과 성령님으로 교훈해 주시고, 세례가 그에게 효과를 나타내게 하시며, 주님의 거룩한 권능과 은총으로 그를 보호하시고, 완전한 최후의 승리자가 될 때까지 믿음으로 악과 세상과 정욕에 맞서 싸워 이기게 하옵소서. 우리 주 예수 그리스도와 구원에 이르는 믿음을 통한 하나님의 능력으로 지켜 주시옵소서."

2) 성찬식

주님의 만찬인 성찬 성례전은 자주 거행되어야 한다. 거행 횟수는 목사와 각 교회 지도자들이 숙고하여 결정하도록 하며, 목사들은 자신에게 위탁된 성도를 위로하고 교육하기에 가장 편리한 때를 찾아야 한다. 오전 예배 때 성찬 성례전을 거행하는 것이 바람직하다.

지식이 없고 중상하기를 좋아하는 사람들은 주님의 성찬을 받기에 합당치 않다.

형편상 성찬 성례전이 자주 행해질 수 없는 곳에서는 반드시 성례전 한 주일 전에 공적으로 공고한다. 성례전 한 주일 전 혹은 주중의 하루에 성례전에 관하여 그에 따른 합당한 준비 및 참여에 대한 교육을 실시해야 한다. 사적으로나 공적으로 거룩한 하나님의 모든 방법을 마지막까지 근면하게 사용한다면, 모든 사람은 좀더 잘 준비된 천국 잔치에 참여할 수 있을 것이다.

성찬 성례전을 거행하는 당일에 목사는 설교와 기도를 끝낸 후 간단한 권면의 말씀을 한다.

성찬에 대한 목적, 유용성, 성찬 성례전을 통해 우리에게 허락하신 헤아릴 수 없는 은혜를 말한 뒤 우리의 이러한 순례와 전쟁에서 평안과 갱신된 힘을 가져야 할 필요성을 설명한다. 그리스도와 그의 자비를 좇아 지식과 믿음과 회개와 사랑으로 뿐만 아니라 갈급하고 간절한 심령으로 성찬을 행하는 것이 얼마나 필요한 것인지를 말하며, 이치에 맞지 않게 성찬을 먹고 마시는 것이 얼마나 위험한 것인지를 말한다.

그렇게 한 뒤 목사는 무지하고 중상모략하며 불경한 사람들과, 양심과 지식에 반하여 범죄하며 죄악 가운데 살아가는 사람들, 곧 감히 성찬에 참여할 수 없다고 판단되는 사람들에게 그리스도의 이름으로 경고한다. 이치에 맞지 않게 성찬에 참여하는 자는 자신에 대한 주님의 심판을 먹고 마시는 것임을 일깨워 주도록 한다. 다른 한편으로 목사는 특별한 방법으로 무거운 죄 의식으로 인하여 고통 받고 있는 자들과, 진노에 대한 두려움을 가진 자, 그리고 은총 가운데서 그 전보다 더 큰 발전에 도달하기 위해 열망하는 자들을 주님의 성찬상으로 초대하고 격려해 준다. 예수 그리스도 이름으로 약하고 지친 그들의 영혼을 새롭고 강하게 하신다는 확신을 준다.

이와 같은 권면과 경고, 초대의 말씀이 끝나면, 단정하게 덮인 채 적절하게 놓여 있는 성찬 테이블에 성찬 참여자들은 질서 있게 앉는다. 목사는 앞에 놓인 성물인 떡과 포도주에 사례하고 성결케 하는 예식을 시작한다. 준비된 떡을 적절하고 편한 그릇에 떼어서 성찬을 받는 자들에게 나누어 주고, 큰 잔에 있는 포도주도 그렇게 한다. 물론 어떤 경우에는 일반적이긴 하지만 먼저 간단한 몇 마디로 제정사와 기도를 함으로 떡과 포도주를 성별할 수도 있다.

제정사는 복음서를 읽거나, 사도 바울의 고린도전서 11:23~27 "내가 전한 것은 주께 받은 것이니……" 등을 읽는다. 목사가 필요하다고 생각되면 여기에 설명과 적용을 덧붙일 수 있다.

떡과 포도주에 대한 감사와 축복 기도는 다음과 같은 취지로 한다.

우리의 크나큰 허물을 겸손함과 진정한 마음으로 고백하오며, 어떤 사람이나 천사라도 구원할 수 없는 우리는 하나님의 자비를 받을 만한 추호의 가치도 없는 존재임을 고백하나이다. 주님의 모든 은총에 감사드리며, 특히 속죄의 크신 은혜와 하나님 아버지의 사랑, 우리를 구원하시기 위해 하나님의 아들 우리 주 예수 그리스도께서 받으신 고난과 은총에 감사드리나이다. 은혜의 모든 수단과 말씀과 성례전에 감사하며, 특히 우리를 인치시고 마음을 쏟으시는 그리스도와 그의 모든 은혜로 인한 이 성찬 성례전에 대하여 감사하나이다. 다른 이들이 주어진 은총들을 거절했음에도 불구하고, 이후에도 오랫동안 많은 은총을 남용하게 될 것임에도 불구하고, 우리로 하여금 크신 은혜 안에 언제나 거하게 하심을 감사하나이다.

오직 그리스도이신 예수님 외에는 천하 인간 중에 구원을 얻을 만한 다른 이름이 없음을 고백하오며, 오직 그리스도이신 예수님으로 인해 우리가 자유와 생명을 얻고, 은혜의 보좌 앞에 나아가며, 그의 성찬에서 함께 먹고 마실 뿐 아니라 성령님에 의해 행복과 영생을 확실히 확증할 수 있음을 고백하나이다.

자비로운 아버지이신 하나님, 위로의 하나님께 은혜를 내려 주시기를 진심으로 간구하오며 성령님이 우리 안에 능동적으로 역사하시기를 원하나이다. 떡과 포도주가 성별되어 온전히 거룩해지고, 우리를 위하여 십자가에 돌아가신 예수 그리스도의 몸과 피를 믿음으로 받는 주님의 성찬식이 복되게 하시기를 원하오며, 이것을 먹고 마심으로 주님이 우리와, 우리가 주님과 하나되게 하시어 주님이 우리 안에, 우리가 주님 안에 거하게 하옵시고, 우리를 사랑하사 우리를 위해 자신을 내어 주신 주님을 위해 살게 하옵소서.

목사는 이러한 거룩한 의식을 온전히 적절한 열정으로 수행하도록 힘씀으로써 거룩한 성찬 예식에 응답적인 태도를 취하도록 하며, 참여한 회중에게 감동을 줄 수 있어야 한다.

성찬상 앞에서 목사는 기도와 말씀으로 성별된 떡을 손에 들고 아래와 같이 말한다. 그러나 그리스도께서 또는 사도들이 성찬식 때 사용한 다른 방법으로 말할 수도 있다.

"거룩한 제정과 명령, 그리고 복되신 우리 구주 예수 그리스도께서 행하신 모범에 따라 나는 이 떡을 취하여 축사하고 떼어 여러분에게 나누어 주고자 합니다."

목사는 먼저 자신이 성찬을 받고, 떡을 뗀 뒤 수찬자들에게 나누어 준다.

"받으라, 먹으라. 이것은 너희를 위하는 내 몸이니 이것을 행하여 나를 기념하라."

마찬가지로 목사는 잔을 들어 이렇게 말한다. 그리스도께서 또는 사도들이 성찬식 때 사용한 다른 방법으로 말할 수도 있다.

"주님의 제정과 명령, 그리고 우리 주 예수 그리스도의 모범에 따라, 나는 이 잔을 취하여 여러분에게 나누고자 합니다."

이 시점에서 목사는 잔을 수찬자들에게 분배한다.

"이 잔은 그리스도의 피로 세운 새 언약이니, 이는 죄 사함을 얻게 하려고 많은 사람을 위하여 흘리신 것이라. 너희가 이것을 다 마시라."

모든 사람이 성찬을 받으면, 목사는 수찬자의 마음에 새길 간단한 몇 마디 말을 할 수 있다.

"하나님의 은혜로 예수 그리스도 안에서 이 성례전을 공표하며, 이 성례전에 합당하게 생활할 것을 권고합니다."

목사는 하나님께 엄숙한 감사의 기도를 드린다.

"성례전을 통하여 베풀어 주신 하나님의 풍성하신 자비와 말할 수 없는 선하심에 대하여 감사하오며, 전체 예배에 부족함이 있었음을 용서하소서. 구원의 크신 표적을 받은 사람들로서 주님의 선하신 성령님의 은혜로운 도움을 받도록 은혜의 권능 안에서 걷게 하옵소서."

구제 헌금 순서는 공중 예배에서 어떤 부분도 방해받지 않도록 순서를 정한다.

7. 주일 성수

주일은 마땅히 미리 기억하는 것이 좋다. 모든 세속적인 일상의 생업을 잘 정리하여 그 일들을 알맞고 적절한 때에 내려놓은 뒤, 주일이 되었을 때 주일을 지키는 데 방해가 되지 않도록 한다.

주일 하루는 공적으로나 사적으로 온전한 그리스도인의 안식일로서 주님을 위해 거룩히 지켜져야 한다. 이를 위해서는 반드시 주일을 거룩히 구별해야 하며, 불필요한 노동을 그치고 하루를 온전히 쉬어야 한다. 모든 운동이나 오락, 세속적인 언어나 생각도 삼가도록 한다.

주일은 음식도 잘 준비해야 한다. 불필요한 일로 하인들을 하나님의 공중 예배에 참여하지 못하게 해서는 안 되며, 어느 누구도 성스러운 주일이 방해받게 해서는 안 된다.

각 개인과 가족은 자신을 위하여, 목사를 향한 하나님의 노우심을 위하여, 그의 사역에 복이 임하도록 개인 기도를 해야 한다. 하나님의 공적인 예전 속에서 하나님과 더욱 평안히 교제하기 위하여 다른 거룩한 일들이 첨가될 수 있다.

모든 사람은 예배 시간을 엄수한다. 모든 회중은 예배 첫 시작부터 참석해야 하며, 공중 예배의 모든 순서에 엄숙히 연합된 마음으로 참석해야 하고, 축도가 끝날 때까지 자리를 떠나서는 안 된다.

공적인 엄숙한 모임들 사이사이에 또는 예배 후 비어 있는 시간은 성경을 읽고 묵상하거나 설교를 다시 생각하는 데 시간을 보내도록 한다. 특히 들었던 말씀을 설명하기 위해 가족을 초대하여 그들에게 성회와 공적 의식에 대한 축복 기도를 하고,

찬송을 부르며, 그 밖에 환자 심방, 가난한 자의 구제, 경건, 사랑, 자비 등을 이행함으로써 주일을 기쁘게 보내는 방법을 가르칠 수 있다.

8. 결혼 예식

결혼식은 성례가 아니며 하나님의 백성들만의 독특한 것도 아니다. 인류와 모든 국가의 평범하고 공적인 관심사이긴 하지만, 결혼식은 새로운 상황으로 들어가는 출발이기 때문에 주님 안에서 이루어져야 하며, 하나님의 말씀에 근거한 특별한 훈계와 지도, 권면을 필요로 한다. 결혼은 하나님의 특별한 은총이므로 결혼식은 합법적으로 세워진 목사가 집례해야 하며, 따라서 목사는 혼인 당사자들과 상담하고 그들 위에 하나님의 은총을 구하는 기도를 하는 것이 마땅하다.

결혼은 한 남자와 한 여자 사이에서만 이루어져야 한다. 하나님 말씀으로 금지하고 있는 친족이나 인척과 결혼해서는 안 된다. 당사자들은 그들 스스로가 선택하기에 적합한 연령이거나 상호 동의하기에 적합한 분별력 있는 연령이어야 한다.

두 사람이 결혼식을 올리기 전에 목사는 3~4회 이상 주일마다 그들의 결혼 일정을 가장 대중적이고 일정한 장소에서 회중 앞에 공표한다. 결혼식을 집례하여 그들을 결합할 목사는 결혼식을 거행하기 전에 이러한 공표를 통하여 충분한 증거인을 확보해야 한다.

만일 당사자들이 미성년자라면 결혼 일정을 공표하기 전에 부모의 동의나 또는 부모가 사망했을 때는 부모에 버금가는 영향력을 가진 사람의 동의를 교회 직원들에게 알리고 기록으로 남긴다.

결혼 당사자들이 합당한 연령에 이르렀다 할지라도 부모가 살아 있는 경우 부모의 동의를 받도록 한다. 당사자들은 결혼 후에 만일 그들이 임의대로 결혼한 경우, 부모에게 알리기 전에 혼인 신고를 하지 않도록 하며 부모의 동의를 얻기 위해 노력한다.

부모는 자녀들에게 당사자들의 자유로운 결정을 무시한 결혼을 강요해서는 안 되며, 정당한 이유 없이 부모가 동의를 거부해서도 안 된다.

결혼 일정이나 약속이 공고된 이후에 결혼 예식이 장기간 지체되어서는 안 된다. 따라서 목사는 적절한 충고를 하고, 결혼을 방해하는 어떤 것도 반대하면서, 목회자가 지정한 장소에서 공적인 애도의 날을 제외하고는 일 년 중 어느 때라도, 하루 중 아무 시간에, 신뢰할 수 있는 충분한 증인들 앞에서 공적으로 결혼식을 거행한다. 주일에는 결혼식을 하지 않도록 한다.

모든 관계는 말씀과 기도로 성화되기 때문에 목사는 이런 취지로 당사자들 위에 은총이 임하도록 다음과 같이 기도한다.

"우리의 죄로 인하여 우리가 하나님의 최소한의 자비하심도 결코 받을 수 없음을 고백하오며, 하나님을 분노케 함으로 우리의 모든 평안이 깨어졌음을 고백하옵니다. 진실로 그리스도의 이름으로 하나님께 간구하오니 주님의 존재와 사랑은 모든 조건의 행복이요, 모든 관계의 즐거움입니다. 이제 하나님의 언약, 곧 영광스러운 결혼 생활로 들어가는 저희들의 일부가 되어 주시고 저희들을 그리스도 안에서 소유하사 받아 주시옵소서. 주님의 섭리로 저희를 결합시키시오니 성령님으로 거룩하게 하시고 저희에게 새로운 생활에 합당한 새 마음을 허락하여 주시옵소서. 크신 은총으로 저희들을 충만하게 하여 주시고, 그 은총에 의하여 의무를 수행하고 평안을 누리고 돌봄을 받으며, 그리고 그리스도인으로서 생활 가운데 수반되는 시험들을 이길 수 있게 하옵소서."

기도가 끝나면 목사는 성경 말씀을 토대로 그들에게 간단히 선포하는 것이 좋다.

"결혼에 관한 제도와 관례, 결혼의 목적은 모든 신실함 속에서 서로에게 의무를 수행하게 하는 일이다. 신성한 하나님의 말씀을 공부하도록 권면하여 그들이 믿음으로 사는 법을 배우며, 결혼 생활에 따르는 모든 근심과 문제 가운데서도 만족하고, 부부간에 감사하며, 경건하고, 거룩한 평안 안에서 하나님의 이름을 거룩하게 한다. 서로를 지키며, 사랑과 선행으로 서로를 일깨우면서 은총의 상속자들로 함께 살아가도록 한다."

결혼하는 이들을 엄숙히 훈계한 후에, 만일 그들이 약혼 과정이나 다른 어떤 요소로 인해 합법적으로 결혼을 진행할 수 없는 이유를 발견할 경우 목사는 우리의 마음을 감찰하시며, 마지막 날에 숨김없이 우리의 행위를 고해야 할 위대하신 하나님 앞에서, 즉시로 그 사실을 공개한다. 만일 결혼을 승인하는 데 아무런 장애가 없다면 목사는 먼저 신랑에게 오른손으로 신부를 붙잡게 한 다음, 다음과 같이 말하게 한다.

"하나님과 이 모든 회중 앞에서 나 ○○○는 그대 ○○○를 아내로 맞아 하나님이 우리를 죽음으로 갈라놓을 때까지 그대를 사랑하며 성실한 남편이 될 것을 서약합니다."

신랑의 서약이 끝나면 신부도 오른손으로 신랑을 붙잡고 다음과 같이 말하게 한다.

"하나님과 이 모든 회중 앞에서 나 ○○○는 그대 ○○○를 남편으로 맞아

하나님이 우리를 죽음으로 갈라놓을 때까지 그대를 사랑하며 성실하고 순종하는 아내가 될 것을 서약합니다."

더 이상의 순서가 없이 목사는 회중 앞에서 그들이 하나님의 규례에 따라 남편과 부인이 되었음을 선언하고 다음과 같은 기도문으로 결혼 예식을 마친다.

"하나님은 기꺼이 예식을 통하여 은총을 더하셨나이다. 하나님께 간구하오니 하나님의 사랑의 또 다른 언약으로 이제 결혼한 저들을 풍성케 하시고, 특별히 예수 그리스도 안에서, 그리고 예수 그리스도를 통하여 결혼의 평안과 결실을 맺게 하시고, 하나님의 풍성한 자비를 찬양하게 하옵소서."

결혼 당사자들의 이름, 결혼 날짜 등이 기록된 등록 장부는 조심스럽게 보관하도록 하며 공정하게 기록하여 관계된 사람들이 필요로 할 때 성복할 수 있도록 제공되어야 한다.

9. 환자 심방

목사의 의무는 공적으로는 물론, 사적으로도 자신에게 위탁된 사람들을 가르치는 것이다. 시간과 능력, 개인적인 안전이 허락하는 한, 사시사철 저들을 훈계하고 권면하며 책망하고 평안하게 하는 것이 목사의 의무이다.

목사는 사람들이 건강할 때에 죽음을 준비하도록 훈계해야 한다. 이를 위해 사람들은 목사와 함께 자주 그들의 영혼의 상태를 의논해야 하고, 아플 때에는 그들의 지각이 쇠퇴하기 전에 적절하게 목사의 충고와 도움을 요청해야 한다.

아프고 고통스러운 순간은 연약한 영혼이 하나님께 의지하여 적절한 말씀을 붙잡도록 만드는 특별한 기회이다. 왜냐하면 이 때에 인간의 양심은 영생을 위한 영적인 상태를 생각하기 위해 더욱 민감해 있기 때문이다. 이 때는 사탄 역시 괴롭고 무거운 시험으로 더 많은 짐을 지우기 쉬운 시기이다. 그러므로 환자를 심방한 목사는 완전한 온유와 사랑으로, 환자 영혼의 영적인 선을 수행하기 위한 취지를 가지고 최선을 다해야 한다.

목사는 성경에 근거하여, 질병이란 우연이나 몸의 병에서부터 오는 것이 아니라, 질병에 의해 죽게 될 모든 인간 개개인들에게 하나님의 선한 손길에 의하여 지혜와 질서 있는 순서에 따라 오는 것임을 가르쳐야 한다. 질병은 죄에 대한 불안으로, 혹은 회개와 회심을 위하여 주어졌든지, 은혜에 대한 시험과 연단을 위하여 주어졌든지, 그 밖에 특별하고 독특한 목적을 위하여 주어졌든지 간에, 만일 그가 진실로 하나님의 징계나 징벌을 경멸하지 않는다면, 그래서 하나님의 간섭을 거룩하게 사용하기 위하여 노력한다면, 모든 고통은 유익으로 변화될 것이고, 모든 것이 합력하여 선을 이루게 될 것이다.

환자가 무지하다는 생각이 들면 기독교 원리에 비추어 그를 검증하여야 한다. 특히 회개와 신앙을 위해 검증해야 한다. 필요하다면 회개와 믿음의 본질, 활용법, 그러한 은혜의 필요성을 가르친다. 또한 은혜 언약과 중보자이신 하나님의 아들 예수 그리스도와 하나님 안에서 믿음으로 죄 사함을 받는다는 것을 가르쳐야 한다.

목사는 환자가 자신을 검증하도록 권면하며, 하나님을 향한 자신의 상태와 이전의 삶의 방법들을 찾고, 시도하도록 권면해야 한다.

만일 환자가 어떤 의심이나 꺼리는 문제 또는 유혹받고 있음을 고백한다면, 그를 교훈하고 결단케 하여 시험을 이기도록 하라.

환자가 자신의 죄를 충분히 인식하지 못한 경우, 목사는 그가 자신의 죄와 죄 의식, 그리고 죄의 대가와 죄로 인한 영혼의 오염과 타락, 율법의 저주와 하나님의 분노를 인식할 수 있도록 노력해야만 한다. 또한 목사는 환자가 진실로 감동받을 수 있고, 죄를 무너뜨릴 수 있으며, 회개를 지연하는 것에 대한 위험을 알고, 현재 주어진 구원을 무시하는 위험과 자신의 양심을 자각하고, 어리석고 나태한 상태에서 일어설 수 있도록 해야 한다. 하나님의 공의와 분노를 두려워하며, 하나님 앞에서는 누구도 설 수 없고, 다만 자신을 버리는 자만이 믿음으로 그리스도를 바라볼 수 있다는 인식을 가질 수 있도록 노력해야만 한다.

비록 수많은 실수와 연약함이 있다 할지라도, 성결의 길을 걷기 위하여 노력하고, 의(義) 가운데 하나님을 섬기기 위하여 노력한다면, 또한 영혼이 죄에 대한 인식으로 낙담하거나 하나님의 사랑에 대한 인식의 결핍으로 실망하게 된다면, 그 앞에 놓인 하나님의 충만하고 자유로운 은총과 그리스도 안에서의 완전한 의와 복음 안에서의 은혜로운 희생으로 그는 일어설 수 있을 것이다. 자기 자신의 의를 부정하고 그리스도를 통한 하나님의 자비 안에서 진심으로 회개하고 믿는 모든 사람들은 그리스도 안에서 구원과 생명을 얻게 될 것이다.

또한 그리스도 안에 있는 사람들에게 죽음이란 두려워할 어떤 영적인 악이 아니라는 것을 알려 주는 것은 유익하다. 왜냐하면 사망의 쏘는 것인 죄는 모든 인간을 구원하신 그리스도에 의해 제거되었기 때문이다. 예수 그리스도는 사망의 두려운 속박과 무덤에서 승리하셨고, 또한 우리에게 승리를 주셨으며, 자기 백성들을 위하여 처소를 예비하기 위하여 영광 가운데로 들어가셨다. 그러므로 생명이나 사망은 그 어느 것도 그리스도 안에 있는 하나님의 사랑에서 우리를 갈라놓을 수 없다. 지금은 비록 죽어서 누워 있는 자일지라도 그리스도 안에서 즐겁고 영광스러운 영생의 부활을 확실히 얻게 될 것이기 때문이다.

목사는 인간 스스로의 선행과 자비로 천국에 이른다는 잘못된 신앙을 경고해야 한다. 자신의 모든 공로를 부인하고 참되고 신실하게 나오는 사람들을 결코 버리지 않겠다고 언약하신 예수님의 말씀에 머물게 하면서 오직 그리스도의 중보와 공로를 통해서만 자신을 하나님의 자비에 위탁하도록 충고한다. 회개하는 모든 신자들이 그리스도와 그의 공로의 분별 있는 제안으로 인하여 소망의 문을 향한 열정이 누그러지지 않을 때, 환자는 자신의 죄 때문에 마땅히 받아야 할 하나님의 진노의 가혹한 표상으로 인한 절망에 빠지지 않도록 돌봄이 반드시 필요하다.

환자가 마음이 잘 정돈되었을 때나 혼란스러워하지 않을 때, 또는 환자와 관계된 필수적인 일들이 거의 방해받지 않을 때, 환자가 원한다면 목사는 그와 함께 그를 위하여 이런 취지로 다음과 같이 기도하도록 한다.

"본질상 진노와 저주 아래 놓인 자녀로서 원죄와 자범죄, 그리고 모든 비참한 상태를 고백하고 통회하나이다. 모든 병과 질고, 죽음과 지옥은 당연한 소산이자 결과임을 고백하옵니다. 예수 그리스도의 보혈의 피를 통하여 환자를 위한 하나님의 자비를 간구하오니, 하나님께서 그의 눈을 여시사 죄를 보게 하시어 그가 한때 버려진 자였음을 알게 하시고, 하나님께서 질병을 주신 이유를 깨닫게 하시며, 의와 생명을 위하여 그의 영혼에 예수 그리스도를 계시하여 주옵소서. 간구하오니 그에게 성령님을 허락하시사 그리스도를 붙잡을 수 있는 강한 믿음을 갖게 하시고, 주님의 평안한 사랑의 증거를 얻게 하시며, 시험을 이기는 무기를 주시고, 그의 마음이 세상과 단절되게 하시며, 현재의 고난을 거룩하게 하시어, 그것을 이길 수 있는 인내와 능력을 허락하시사 믿음 안에서 끝까지 견디게 하옵소서."

"만일 하나님께서 기꺼이 환자의 생명을 연장하기를 원하신다면 모든 회복의 수단을 복되게 하시고 성화시켜 주사 질병을 제거해 주시고, 새로운 힘을 부어 주시며, 하나님과 동행하기에 부족함이 없도록 하여 주소서. 그리고 병들었을 때 으레껏 했던 서원, 즉 여생을 하나님의 영광을 위해서 살겠다는 거룩과 순종의 맹세와 약속이 신실한 기억 속에서 즐겁게 지켜지게 하옵소서."

"그리고 만일 하나님께서 현재의 질병으로 그의 생애를 마감하기로 하셨다면, 그리스도 안에서 그의 관심은 모든 죄가 용서되며 그리스도에 의만 영생의 증거를 발견하게 하시어 그의 외적 인간은 부패하지만, 그의 내적 인간은 새롭게 되게 하옵소서. 두려움 없이 죽음을 바라볼 수 있게 하시고, 의심 없이 전적으로 그리스도께 자신을 맡김으로, 그리스도와 함께 살고 죽는 것을 열망하게 하시어 우리의 유일한 구원의 주님이시고 완전한 구속자이시며 그리스도이신 예수님의 공로와 중보만을 통하여 믿음의 결국인 영혼의 구원을 얻게 하옵소서."

목사는 또한 필요하다면 환자에게 자신의 집을 정돈케 하여 그로 인하여 불편을 예방하도록 권면한다. 또한 부채를 갚을 것을 주의시키고, 잘못한 일은 보상하고 상환하게 하며, 다툰 사람들과 화해하고, 하나님의 용서를 기대하듯이 자신에게 잘못한 모든 사람을 완전히 용서하도록 권면한다.

마지막으로, 목사는 현재의 질병을 활용하여 환자 주변 사람들에게 자신의 죽음을 생각하고, 주님께 돌아와 주님과 더불어 평화를 누리며, 건강할 때에 질병과 죽음, 심판을 준비하도록 권면할 수 있다. 변화될 때까지 각자에게 정하신 날들을 기다림으로써, 우리의 생명이신 그리스도께서 나타나실 때, 그들도 주님과 함께 영광 중에 나타나게 될 것이다.

10. 장례 예식

사람이 세상을 떠나면 장례식 날 시신을 집에서부터 지정된 공동묘지에 이르기까지 정중하게 운구한 뒤, 그 곳에서 어떤 의식도 갖지 말고 즉시 매장한다.

왜냐하면 매장지로 운구되기 전에 시신이 놓여 있는 장소에서 시신의 옆 또는 시신을 향해 무릎을 꿇거나 기도하는 관습, 그 밖에 이와 유사한 다른 관습들은 미신적인 것이기 때문이다. 그동안 심각하게 남용된 운구 중의 기도나 무덤에서의 기도, 성경 봉독, 조가 부르기 등은 죽은 자에게 어떤 유익도 주지 못할 뿐 아니라, 살아 있는 자들에게도 여러 가지 면에서 해로운 것으로 증명되었기 때문에 이러한 모든 것들은 중지하도록 한다.

그러나 정해진 공동묘지로 시신을 운구하는 교우들이 의식에 합당한 묵상과 토론을 하는 것은 적절하다. 다른 경우에서와 같이 이 때에 목사가 참석했다면 목사는 각자에게 그들의 할 일을 상기시켜도 좋다.

장례식에서 이렇게 행하는 것은 평소 고인의 사회적 지위나 신분에 적합한 어떠한 경의나 존경심을 부정하는 것이 결코 아니다.

11. 공적인 금식

크고 주목할 만한 어떤 결정이 사람에게 고통을 주거나 명백하게 절박한 상황일 때, 혹은 어떤 비상식적인 악행이 저질러진 경우, 또는 특별한 은총이 요구되고 필요할 때 하루 동안 계속되는 엄숙한 공적 금식은 국가와 국민들이 하나님 앞에서 행해야 할 의무이다.

엄격한 금식이란 일정 기간 동안에 모든 음식은 물론 금식이 끝날 때까지 육체가 지탱할 수 없을 정도로 현저하게 약해져서 거의 쓰러지려 할 때 기초 체력을 유지하는 매우 소량의 음식을 취하는 경우를 제외하고는, 모든 세상적인 노동, 담화, 사고, 육체적인 즐거움, 보통 때에는 합법적인 화려한 옷차림, 장신구와 같은 것들도 전적으로 절제해야 한다. 더 나아가 모든 본능적인 것, 야한 옷차림, 음탕한 습관과 행동, 그리고 그 밖의 성적인 공허와 같은 수치스럽고, 무례한 사용은 무엇이든지 절제해야 한다. 다른 경우에서와 같이 특별히 금식에서 필요하다고 생각될 때에는 인간적인 입장을 고려하지 말고, 모든 목사들이 자신의 위치에서 부지런히 또한 열심히 책망할 것을 권면한다.

금식을 위한 공적인 모임에 앞서 가족들과 각 개인은 사적으로 이토록 엄숙한 일을 준비하기 위한 모든 종교적 주의를 기울이며, 집회에도 일찍 참석하도록 한다. 가능하다면 형편에 따라 하루의 많은 시간을 성경 봉독과 말씀 선포, 금식을 지키는 데 적절한 시편송을 부르면서 시간을 보내도록 한다. 그러나 특별히 기도에 있어서는 다음과 같은 취지로 기도하여야 한다.

"거룩한 경외와 두려움으로 우리를 더욱 감화시키시는 위대한 창조주시요,

보존자이시며, 온 세계의 최고 통치자이신 하나님께 영광을 돌립니다. 하나님 앞에서 우리 마음을 더욱 완전하고 온유하게 하시고, 낮아지게 하시는 하나님의 다양하고 위대하며 부드러운 자비, 특히 교회와 국가에 대한 자비하심을 구하옵니다. 한층 악화된 여러 가지 죄악을 포함하여 모든 종류의 죄를 겸손히 고백하옵니다. 우리의 죄에 대한 하나님의 공의로운 심판은 정당하나이다. (절박한 상황에 따라) 그 어느 때보다도 더 간절한 간구와 폭넓은 기도로 자신과 교회, 국왕, 모든 당국자들과 다른 모든 사람들을 위한 하나님의 자비와 은총을 겸손히 진실하게 구하옵나이다. 악을 두려워하거나 당연히 여겼음을 용서하시고 도우시사 하나님의 구원의 약속과 선하심을 믿음으로 바라게 하시며, 우리가 필요로 하고 기대하는 복을 얻기를 원하옵니다. 우리 자신을 전적으로 포기하고 하나님과 영원히 함께 있게 하옵소서."

이런 모든 과정에서 하나님을 향해 회중들을 대변하는 목사는 진지하고 철저하게 회중들을 미리 생각하여 마음속에서 우러나오는 말을 해야 하며, 특별히 회중들의 죄를 비통히 여기는 마음으로 자신과 회중들을 깨닫게 하며 그들의 마음을 녹이도록 한다. 그날은 참으로 깊은 통회와 번민의 날이 될 것이다.

특별히 선택한 성경 말씀을 읽고 그 본문으로 설교를 하여 청중으로 하여금 그날 특별히 주어진 업무를 잘 수행하도록 하며, 하나님 앞에 죄스러움으로 회개할 마음이 생기도록 해야 한다. 목사는 자신의 관찰과 경험을 목사 스스로에게 강조함으로써 그의 설교를 듣는 회중을 가장 잘 가르치며 개혁하게 한다.

장례식을 공적으로 마치기 전에 목사는 자신과 회중들 가운데 발생한 죄는 그것이 무엇이든지 명백히 드러냄으로써 하나님 앞에 회개하도록 한다. 이러한 분명한 목적과 의지를 가지고, 자신과 회중의 마음을 주님께로 이끌도록 한다. 새로운 순종 가운데서 이전보다 더욱 신실하고 밀접하게 하나님과 동행하며, 하나님께 더욱 가까이 갈 수 있도록 한다.

목사는 온전한 인내를 가지고 그날의 일이 형식적인 의무로 끝나는 것이 아니라, 사적으로는 회중 자신과 가족들을, 공적으로는 그들이 고백한 모든 신실한 사랑과 결심을 강화시키고, 그날을 평생토록 기억하게끔 그들을 권면해야 한다. 그렇게 함으로써 그들은 영원히 안정된 마음을 갖게 되며, 하나님께서 그리스도 안에서 그들의 임무 수행을 통해 달콤한 향기를 맡으셨다는 것을 더욱 민감하게 발견하도록 한다. 하나님의 은혜로운 응답으로 죄가 용서되고 심판이 제거되며 하나님이 우리 기도를 들으시어 그 백성을 재앙에서 막아 주시고 피하게 하실 뿐 아니라 예수 그리스도를 통하여 그들의 상황과 기도에 합당한 복을 주심으로써 그들에게 평안을 주시도록 권고한다.

교회가 명령하는 엄숙하고 보편적인 금식 외에도, 하나님의 섭리가 당국자들에게 특별한 이유를 주실 때 회중들은 금식일을 지킬 수 있다. 또한 가족끼리도 그렇게 할 수 있다. 다만 그들이 속한 공동체가 금식이나 그 밖에 예배의 공적인 행사를 위해 모이는 날은 피하도록 한다.

12. 감사 주일

공적인 감사 주일을 지킬 때에는 회중들이 보다 더 나은 준비를 할 수 있도록 적당한 때에 미리 그 행사를 공고한다.

해당 일이 되어 개인적인 준비를 한 회중들이 모이면 목사는 권면의 말씀을 시작으로 각자가 담당한 업무를 잘 수행하도록 격려하며, 모임의 성격에 따라 하나님의 도우심과 필요한 은혜를 베푸시도록 다른 집회에서처럼 짧게 기도함으로 시작한다. 목사는 우리가 받은 구원이나 자비에 대하여 간단히 언급함으로써 모든 회중이 이것을 잘 이해하고 생각하며 더 많은 감명을 받도록 한다.

시편송은 대부분의 의식 중에서 감사와 즐거움을 가장 잘 표현한 것이기 때문에 현재의 의식에 적합한 말씀을 봉독하기 전이나 후에 감사의 뜻을 담은 시편송을 부르도록 한다.

말씀을 선포하는 목사는 설교에 앞서 특별히 그 행사와 관련된 권면과 기도를 지속하며 그 후에 적절한 성경 본문으로 설교한다.

설교 후에 기도하도록 정해진 다른 예배에서와 같이 목사는 설교가 끝나면 기도를 하도록 한다. 교회와 왕과 국가를 설교 전 기도에서 빠뜨렸으면 그 필요성을 생각하면서 기도하고, 나아가 과거의 자비와 구원에 대하여 마땅하고도 엄숙한 감사 기도를 드린다. 보다 강조할 것은 현재 모두를 부르신 것에 감사하는 일이고, 하나님의 한결같이 지속되는 자비와 새로움에 대한 겸손한 기원, 그리고 그것을 올바로 사용하기 위한 거룩한 은총을 위하여 간구하는 것은 마땅히 필요한 일이다. 그리고 나서 그 은총에 적합한 시편을 노래한 뒤, 성도들이 식사와 편안한 휴식 시간을 갖도록 축도함으로 예배를 마친다.

목사는 폐회하기 전에 회중들이 먹고 쉬는 가운데서 과도한 소란, 폭식, 술 취함, 그런 종류의 더 많은 죄들을 경계하도록 엄숙히 권면해야 한다. 또한 그들의 즐거움과 환희가 쾌락적인 것이 아니라 하나님을 영화롭게 함과 동시에 그들 스스로를 겸손하고 순전케 하는 영적인 것이 되도록 주지시킨다. 음식을 먹으면서 즐거워하는 것은 그들에게 더 많은 기쁨을 줄 것이며, 그들이 행사를 마치고 오후의 남은 일상생활로 돌아왔을 때 하나님께 대한 그들의 찬양은 더욱 커질 것이다.

회중이 다시 모이면 이전에 아침 예배 때에 하기로 정한 기도, 성경 봉독, 설교, 시편송, 그리고 많은 찬양과 감사 등의 순서를 시간이 허락하는 한 새롭게 진행한다.

그날 한두 번의 공적인 집회에서 모아진 감사 예물은 가난한 자들을 위해, 공적인 애도의 날과 같이 유익하게 사용되어야 한다. 그럼으로써 그 자녀들은 우리를 축복할 것이고, 우리와 함께 더 큰 기쁨을 누릴 것이다. 그날의 마지막 모임 끝 무렵에 주님의 기쁨으로 고양된 회중들은 거룩한 의무와 서로에 대한 그리스도인의 사랑과 자비를 간증하고 또 주님 안에서 더욱 큰 즐거움을 누림으로써 주님의 기쁨으로 더욱 힘을 얻도록 한다.

13. 시편 찬송

공적인 집회 가운데서 함께 시편송을 부르면서 하나님을 찬양하거나 혹은 개인적으로 가정에서 하나님을 찬양하는 것은 그리스도인의 의무이다.

시편송을 부를 때에는 목소리를 가다듬고 엄숙하게 정돈한다. 주님을 찬양할 때 중요한 것은 마음에서부터 우러나오는 은혜와 이해로 찬양해야 한다는 것이다. 회중 가운데서 글을 읽을 수 있는 사람은 찬송가를 소유하도록 하며, 연령으로 제한을 받거나 혹은 그 밖의 이유로 글을 읽을 수 없는 사람은 글을 배우도록 권면한다. 만일 참석한 회중 대부분이 글을 읽을 수 없는 상태라면 그 때는 목사가 직접 한 줄 한 줄씩 선창을 하거나 아니면 목사나 지도자가 지명한 적당한 사람이 선창하도록 한다.

14. 부록 - 공중 예배를 드리는 일시와 장소

기독교의 안식일인 주일을 제외한다면, 복음에 근거하여 성경이 거룩하게 지키라고 명령하는 날은 없다.

거룩한 날(Holy-days)로 불리는 구약의 경축일은 복음에 비추어 볼 때 정당성이 없으므로 계속 되어서는 안 된다.

그러나 특별히 긴급한 경우, 몇 가지 뚜렷하고 예외적인 하나님의 섭리의 질서에 따라 하나님의 백성들에게 동기와 기회가 주어지면, 공적인 금식일이나 감사일을 구별하는 것은 적절하다.

특별한 봉헌이나 성화를 구실로 하여 거룩해졌다고 말할 수 있는 장소는 없다. 하나님께 공적으로 예배를 드리기 위해 과거에 사용되었으나 지금은 폐지된 미신적인 장소에 모이는 것은 불법이며 합당하지 않다. 그러므로 예배를 위해서 공식적으로 모이는 장소가 반드시 있어야 하며, 그 장소는 오직 하나님께 드리는 공적인 예배를 위해서만 사용되어야 한다.

해 설

1. 들어가는 말

위원회 의장 마샬이 예배모범 초안을 의제로 제출하기 위해 5월 24일에 행한 연설문을 담고 있는 바이필드(Byfield)의 기록들은 서기들이 남긴 자료의 표본이며, 동시에 서문 후반부에서 조정하려고 시도한 서로 다른 의견을 해결하는 열쇠로 제출된 것으로 보인다. 그 내용은 다음과 같다.

기도에 대하여 진지하고도 아쉬운 수많은 논쟁이 있었고 양쪽 입장 모두는 어려움을 겪었다. 기존의 책이 계속 사용됨에 따라 두 나라에서는 많은 규칙을 세워야 했고, 극단적인 편견이 나라 전체에 걸쳐 팽배했다. 영속적인 기준 없이는 현재까지 어떤 물로 씻어 버릴 수도 없고, 어떤 방법으로 교정할 수도 없었으므로 이에 새로운 형태의 예배모범이 필요하다고 느꼈다. 틀에 맞춘 기도를 만들 것인지, 아니면 단지 예배모범만으로도 그러한 목적을 달성할 수 있는지에 대해서도 의구심이 있었다. 정형화된 기도를 만든다면 그것을 강요해야 할 것인가 말 것인가? 강요하지 않는다면 신경 쓰지 않는 것이 나을 것이다. 만일 목사와 사람들이 양심적으로 정형화된 기도문을 사용하도록 강요한다면 사람들의 양심은 지금보다 훨씬 무뎌지는 고통을 남길 것이다. 마침내 실제적인 양심과 거짓된 양심의 차이가 커져 결국은 분리되고 말 것이다. 다른 한편으로 좀 어려운 일이긴 하지만 만일 정형화된 기도를 만들지 않고 모든 사람들이 자신의 임의대로 기도하도록 내버려둔다면 수많은 목사 초년생들이나 경험이 부족한 목사들은 하나님의 법령을 웃음거리로 만들지도 모른다. 위원회가 이제껏 사용해 온 예배모범은 상당히 많은 위험들을 예방하여 목사 초년생들이 도움을 받을 수 있게 하였다. 하나님께서 주신 다양한 은사를 찾기 위해 일종의 통일성은 반드시 필요하다. 이것은 만물을 겸손하게 만들 뿐 아니라 언어를 여기저기에서 광범위하게 바꾸어 사용함으로써 사람들은 기도할 때 언어를 자유롭게 구사할 수 있게 될 것이다. 주일날 드리는 모든 기도는 분리하지 않고 전체를 하나로 작성한다. 적당한 자료라고 생각되면 그것은 나머지 기도문을 구성하여 즉각 만들어질 것이다.

경건한 형식과 훈계로 이루어진 것늘은 서분에 쓰인 날에 크게 좌우되었는데 그런 와중에서 취해진 방침은 때때로 그것을 정형화하는 것을 방해했다. 나이(Nye), 브리지(Bridge), 버로프(Burroughs), 굳윈(Goodwin), 바인스(Vines), 레이놀드(Reynolds), 마샬(Marshall), 템플(Temple)로 구성되고 스코틀랜드가 돕는 새로운 소(小)위원회가 기도문을 만들도록 임무를 부여받은 날은 9월 23일이었다. 위원 중 앞의 네 명은 독립교회파 소속인데, 총회에서 10명 또는 11명에 불과한 이들은 절대적인 대표성을 가지고 원외에서만큼이나 막강한 힘을 자랑했다. 불과 일주일 전에 스코틀랜드 의장 로던(Loudoun) 경이 총회를 방문하여 "재세례파와 독립교회파가 막대한 영향력을 행사한다는 이러한 일반적인 거부감은 단지 중상모략에 지나지 않는다고 확신한다."라는 말을 남겼다.

위원회는 10월 3일 이 보고서를 받았으나 28일까지는 아무런 준비를 하지 못했다. 그 때 총회에서 논란이 재발되었다. 총회가 로티안의 얼(Earl of Lothian)에게 보낸 서른 한 번째 편지에서 매트랜드 경을 발견했을 때 이 모든 불화와 갈등 위에 서광이 비춰는 것 같았다. "당신이 지도자로 있을 때와는 판이하게 다른 모습으로 우리에게 다가오는 독립교회파들 때문에 교회 업무가 매우 지연되고 있습니다. 당신이 지도자로 있을 때에는 적극적으로 우리 편을 들던 자들조차 지금은 우리에게 등을 돌리고 말았습니다." 11월 20일 이후에야 예배모범(Directory)에 관한 서문이 의회에서 토론될 준비를 갖추었다. 토론이 진행되는 동안 구지 박사(Dr. Gouge)는 이렇게 요청했다.

"나는 처음에 기도문에 삽입하기 위해 자료를 수집했다고 들었습니다. 그러나 자료를 너무 많이 모으면 오히려 신앙심을 가로막게 될 것입니다." 다른 사람들은 그것을 금지하는 것에 대하여 이의를 제기했다. 길레스피(Gillespie)는 "중립적인 방법이 있다. 자신의 은사를 활용하는 사람이 은사를 일정한 형식 안에 가두어 두려는 사람보다 훨씬 낫다. 가장 최선의 방법을 찾으려고 노력해야 한다."라고 말했다. 베일리는 가족들에게 보낸 편지에서 "나도 동감한다. 만약 서문에서 우수성을 증명하지 못했다면 예배모범은 결코 총회를 통과하지 못했을 것이다."라고 적고 있다. 닐(Neal)은 그 결과를 한데 모았다. "예배모범은 그 단어 하나하나까지 세밀한 관심을 기울여 기도문 형식을 결정한 사람들에 의해 만장일치로 총회를 통과했다. 반면에 어떤 사람들은 단지 식견을 넓히는 하나의 지식으로만 예배모범을 이용했다." 이듬해에 독립교회파가 펴낸 문서에서 베일리는 이렇게 적고 있다.

"그들은 세 왕국을 위한 은혜롭고 탁월한 예배모범 작업을 얼마나 집요하게 방해해 왔는가. 작업이 시작되자 또한 얼마나 오랫동안 그것을 연기시켰는가. 마침내 작업이 끝났을 때 비록 그동안 수많은 역경과 고난에도 불구하고 그것을 사용하지 못하도록 하는 문장을 서문에 끼워 넣으려고 얼마나 애를 썼던가." 이것은 모두에게 이미 잘 알려져 있는 내용이다.

서문의 종결 문장은 기도와 권고를 위한 자료가 어떤 의미로 사용되었는지를 보여 주고 있다. 그것을 자신의 것으로 소화시키든지, 아니면 확대, 축소, 재구성 또는 변화를 주장하든지 하는 문제는 예배에 대한 목사들 각자의 관점에 달려 있다. 그들에게는 이 책이 예배와 경배의 본질을 담은 통일성을 이루는 데 그 어떤 장애도 되지 않을 것이다. 이러한 예배 의식을 기록한 전례 법규들을 검토해 보면 우리는 그것이 다양한 방법으로 권위를 문제삼은 것을 알 수 있다. 신성한 제도로 제안되면 그것은 절대적인 권위를 가시려고 했던 것이 확실하다. 그렇지 않고 여러 가지를 사용할 수 있는 상황에서는 실제적으로 통일성을 위한 어떠한 시도도 불가능하게 만들 것이다. 어떤 예배 의식을 사용하는 것이 단지 권고 사항에 불과한 경우도 있었다. 또 다른 경우에는 그것은 단지 허용 사항일 뿐이었다. 위의 모든 경우에서 예배 의식서에 사용된 언어는 개별 지시 사항의 위력을 보여 주기에 충분할 만큼 정확하게 표현되었다. 예배모범이 필요하고, 필수 불가결하고, 합당하고, 편리하고, 충분하다고 여겨질 때가 있는가 하면, 어느 곳에서는 목사가 해야 하거나, 할 수도 있는 경우가 있었으므로 실행에 관한 의무 사항은 각각 달랐다.

길레스피 주석에 있는 어떤 논쟁은 서문에 나타난 논쟁과 직접적인 관련성이 있는 것으로 보인다. 동일한 흔적을 워드로우

(Wodrow)의 기록에서도 볼 수 있는데, 그것은 워드로우가 길레스피의 주석을 복사했기 때문이다. 내용은 다음과 같다.

> 삼성송(Gloria Partri)
> 사도신경(Saying the Creed)
> 복음서 낭독(Standing up at the reading of the Gospel)
> 성탄절 설교(Preaching on Christmas)
> 장례 설교(Funeral Sermons)
> 교회의 여성(Churching of Women)
> 성경 봉독 후에 세 개의 신조(The saying of the three Creeds, after reading of Scripture)
> 회중의 응답(The people's responsals)

예배모범에서 정죄하지는 않았지만 그동안 모든 왕국에서 사용된 예배의 다른 관습이나 의식은 이제 명백하게 분열과 규정 위반이 되었고, 또 그렇게 될 것이다. 이 관습이나 의식은 우리 의도와는 전혀 무관하거나 불필요한 부담이 강요됨으로써, 양쪽 왕국의 교회들 간에 가장 유사하고 근접한 통일성을 위해서, 내부적으로는 더 큰 평화와 조화를 위해서, 그리고 사랑 안에서 서로를 격려하기 위해서 가장 적절한 때에 판단하여 더 이상 그것을 실행하거나 사용하지 않게 될 것이었다. 우리는 이제까지 그것을 실행해 왔던 개혁자들이나 그 밖의 다른 사람들을 불신하거나 비난하려는 생각이 조금도 없다는 것을 이해받게 될 것이다. 우리는 단지 그리스도와 제자들의 규례에서 배운 것을 붙잡을 뿐이다. 관습이 합법적인가에 관한 자신의 판단에 만족하는 지식인과 경건한 사람들조차 이제부터는 사랑의 법칙과 평화에 대한 결속을 위하여 자제하게 될 것이다.

1846년에 발행된 이 문서는 의미를 크게 변경시킨 세밀한 대체 문구를 포함하고 있다. '그리고'(and)라는 글자가 같은 선상에 '응답'(responsals)이라는 글자와 동일한 형태로 함께 놓여 있어서 이로 인해 긴 문장은 문서 내용을 주도하고 있는 여덟 개의 세부 사항을 연속적으로 읽게 만들었는데, 이것은 8개의 세부 사항에 덧붙여 익명의 관습과 의식도 다루고 있다. 그러나 문서가 위와 같이 혹은 기록의 형태로 발행되었을 때, 긴 문장이 그 자체로 완벽하게 하나의 문장을 형성했다는 것과 앞부분은 단지 언급한 범위 내에서의 관습의 목록을 확인해 주는 확인서일 뿐이었음은 확실하다. 처음 두 개, 즉 삼성송과 사도신경은 스코틀랜드 일부 종파가 삭제한 것으로 알려져 있다. 다른 여섯 개는 영국 국교회에서 사용했는데, 스코틀랜드의 일부 종파와 유사한 잉글랜드 단체에게는 의심할 여지없이 혐오스러운 사항이었다.

2. 공중 집회와 예배 순서

윌킨슨(Wilkinson)이 행한 설교의 한 부분에서 사적 집회에 관한 조항이 처음으로 언급되었다. 그 후 그 조항이 여기에 삽입되었고, 동시에 예배당 안에서 인사말을 금지하는 내용이 첨가되었다. 어떤 사람들은 두 번째 문장이 예배가 시작하기 전에 조용히 기도드리는 것을 금지하는 것으로 생각했다. 그러나 정말로 금지하고 있는 것은 어떤 일정한 장소나 다른 물건을 향해 절을 하는 것, 다시 말하면 건물의 한 장소를 다른 장소보다 실제적으로 보다 더 신성한 곳으로 인식하는 것처럼 보이는 행동에 따른 기도를 금(禁)하고 있는 것이다. 베일리는 목사들이 직무를 수행하기 전에 개인 기도를 드리기 위해 "설교단에서 절하는 것"을 언급하면서 이렇게 말했다. "예배모범에는 이에 관한 언급이 전혀 없었다." 모든 예배자에게 일반적인 금기 사항이 적용되듯이 목사에게 적용되는 것은 당연하다. 목사의 그러한 행동은 스코틀랜드의 혁신적인 종파가 거부한 "세 가지 잘못된 종교 의식" 중의 하나이다. 그러나 스코틀랜드에서 거부되었다는 이유와 또 다른 이유, 즉 "동쪽과 제단을 향해 절하는 상류층 목사 집단이 이것을 남용함으로써 발생한 최근의 결과들 때문에" 잉글랜드에서는 이것이 오히려 장려되었다. 예배모범에서는 언급되어 있지 않지만 "비록 스코틀랜드 교회에서는 합법적인 관습이라 할지라도" 잉글랜드인의 감정에 대한 반감의 표시로 총회는 부칙을 만들어 이를 금지하였다. 그 때까지 교회에 들어가자마자 개인 기도를 하는 것은 스코틀랜드 신자들에게 보편적인 행동이었다. 그러나 이 일이 있고 나서 신자들은 한동안 목사들의 전례를 따라 그런 행동을 중지하였다.

    예배모범이 주일 예배를 대독자가 인도하는 예배와 목사가 집례하는 예배 두 가지로 제시하고 있다는 것은 이미 살펴보았다. 스코틀랜드에서는 일반 예식서가 제정된 이래 이 두 가지가 하나로 결합되었다. 이제 목사는 새로운 형식에 따라 전체 예배를 진행해야만 했다. 잉글랜드인들이 어떻게 하든지 간에 거의 모든 스코틀랜드 목사는 처음부터 대독자로서의 의무를 거부했다. 그들은 개회 기도와 성서 일과를 생략했다. 시편 찬송으로 예배를 시작했는데, 그것은 예배모범이 설교 전에 길게 기도하라는 말을 적용한 것이었다. 이에 대한 보상으로 1645년 2월 7일 스코틀랜드 총회를 통과한 부칙 또는 통일령에는[7] 설교 시간을

---

7) 부록 B를 참조하라.

확보하기 위해 예정 시간 30분 전에 예배를 시작하라고 규정하고 있다. 이는 예배모범의 가상적인 명령 하에 제안된 규정이다. 부분적으로 다변화되고 확장된 새로운 규칙은 총회가 개회되었을 때 성 자일스(St. Giles) 교회에서 최근까지 그 문제를 토론하여 스코틀랜드식 아침 예배를 완성시켰다.

목사는 "위대한 하나님의 이름으로 예배하는 거룩한 부름"에 의해 예배를 시작하는 사람으로 지목되었다. 초기에 갈리칸 의식이었던 서문경(Prefacing)은 두 나라의 관습과 "친애하는 사랑의 형제여!"로 시작하는 영국 국교회 의식의 형태, 카트라이트(Cartwright)의 규칙서, 일반 예식서, 후기에 스코틀랜드에서 사용했던 방식, 그리고 위에서 기술한 1642년 루터포드(Rutherford) 장로교를 위한 탄원과 맥을 같이한다. "목사는 회중의 주의를 집중시키기 위해 예배 시작 전에 먼저 예배를 위한 말씀을 한다." 스코틀랜드식 예배에서는 "우리 마음을 하나로 묶으소서."라는 말로 표현된 서문을 제외한 나머지는 오래 전에 사라졌다. 시편 봉독은 초창기에 나름대로의 위치를 확보하고 있었던 것으로 보인다.

기도할 때 취하는 자세로서 침묵은 중요하다. 모든 개혁교회에서 이것은 처음에는 규칙이 아니라 관습에 의하여 통제되었다. 스코틀랜드인이 가장 선호하는 모델인 프랑스 예배서는 실제로 다음과 같이 지시하고 있다.

> 회중 앞에서 기도하는 사람이나 개인적으로 기도하는 다양한 사람들에게서 발견되는 가장 불경스러운 행위는 모자를 벗지 않거나 무릎을 꿇지 않는 것인데 이것은 개혁되어야만 한다.

웨스트민스터 총회가 개회되었을 당시의 사람들조차도, 예배당에 들어갈 때 하나님 은총을 간구하기 위해 겸손히 무릎 꿇는 것을 의무화해야 한다는 귀네(Guyenne)의 청원을 거부했다. 에드워드 제1 기도서(The first book of Edward)는 "모든 사람은 자신의 신앙에 따라 행하는 대로" 자유롭게 하도록 했다. 최근에 발행된 헨더슨 설교집에서 그는 서문경(예배 선언)의 몇 가지를 다음과 같은 말로 끝맺고 있다. "자 이제 우리 모두 엎드립시다." 또 다른 설교에서는 "나는 당신들 모두가 무릎을 꿇기를 바랍니다."로 끝맺고 있다. 이러한 겸손한 태도는 라이튼(Leighton)이 직분을 맡고 있을 때 "기도할 때 앉아서 하는 것이 가장 불경스러운 자세"라고 묘사한 것을 극복한 것처럼 보인다. 이후의 검증을 통해서 서서 기도드리는 자세가 종교 개혁 시대부터 전해져 내려온 것이라는 50년 전에 만연했던 주장을 몰아냈다. 그것은 혁명 시대의 논객(Pamphleteers)들이 가장 선호하는 주제 중의 하나였다. 그들이 우리에게 내려 준 일반적인 결론은 대부분의 사람들이 기도할 때의 자세, 예를 들어 무릎을 꿇고 하거나 서서 하거나 또는 앉아서 하는 것 등은 아무래도 상관없으며, 다만 그 세 가지 중 서서 하는 것을 가장 드문 자세로 생각했다는 것이다. 무릎을 꿇었는지 그냥 앉았는지 정확하지 않은 곳에서는 아마도 아직은 구식으로 치부되지 않는 고서(古書)에서 흔히 찾아볼 수 있는 "무릎 꿇고 앉을 것"과 같은 오래된 스코틀랜드인의 속담으로 보아 당시의 상황을 짐작할 수 있다. 위와 같은 사실을 토대로 우리는 무릎 꿇는 것이 16세기에 유행한 자세였으며, 그냥 앉는 것은 17세기부터 유행하기 시작했고, 서서 기도하는 자세는 18세기부터 시작된 것임을 알 수 있다.

기록에는 다음과 같이 말한다. 마샬이 예배모범 초안을 작성했을 때 "주일날 드리는 모든 기도는 전혀 분열됨이 없이 하나로 형성되었으며, 만일 필요하다면 그 나머지 부분도 즉각 작성될 것이다."라고 되어 있었다. 기도문을 나누는 일은 나중에 위원회에서 이루어졌다. 양 국가에서 실행되고 있는 것을 조정한다는 것은 매우 어려운 것임에 틀림없었다. 베일리는 청교도들이 설교하기 전에 기도하는 것에 익숙해 있다고 말했다. 스코틀랜드인들은 최근까지도 두 가지를 병행해 왔다. 독립교회파들은 "왕과 교회를 위한 신성한 기도"로 예배를 시작했으며 이 방법이 채택되기를 희망했다.

중도적 입장에 있는 청교도들은 "보조적이거나 허용"을 위한 준비 기도가 없다는 이유로 이를 반대했다. 스코틀랜드에서는 지금까지 목사가 예배 때 드리는 첫번째 긴 기도는 "죄의 용서와 성화, 그리고 일용할 모든 것, 죄의 고백과 감사를 청중들과 특별한 관계로 결합시킴"을 위한 기도였고, 두 번째 기도는 말씀을 설교할 때 복을 내려 주시기를 바라는 간구였으며, 일반적인 중보 기도는 설교가 끝난 후에 하였다.

3. 성경 봉독

1643년 11월 교회 정치에 관한 총회에서는 성경을 읽는 것이 목회적인 기능인지 아닌지에 대한 결정을 놓고 며칠 동안 논란이 계속되었다. 이에 대해 긍정적인 입장을 취하고 있던 사람들은 성경 읽기는 항상 강해와 곁들여 실행되어야만 한다는 전제에서 찬성했다. 영(Young)이 작성한 예배모범의 이 내용이 6월에 제출되자 논란이 재연되었다. 궁극적으로 성경 봉독의 의무는 목사, 교사, 또는 초기에 장로교 기준에 의거하여 서열상 네 번째인 박사, 그리고 때때로 목사 수련생들에게 국한되었다. 이 문제에 관한 결정을 모두가 순순히 따른 것은 아니었다. 찬반 양쪽 모두에게 초기의 원칙과 관습으로부터 어느 정도 일탈이 있었다. 개혁교회가 널리 퍼진 스코틀랜드에서는, 감독 시대 또는 종교 개혁 시대에 잉글랜드에서 존재했던 대독자보다는 신분이 낮은 평신도에 의해 진행되는 준비 예배가 일반적이었다. 북부에서는 대독자 집무실이 비록 목사의 집무실에 미치지는 못했지만 그 곳에 있던 사람들은 목사가 되기 위한 준비를 하고 있거나 또는 그렇게 하려고 할 정도의 수준을 갖춘 사람들이었다. 그래서 1627년에 화이프 노회(Synod of Fife)에 보고된 열세 명의 대독자들 가운데 아홉 명은 석사였다.

웨스트민스터 총회에서 영국 장로교도들은 설교할 자격이 있는 사람들만이 성경을 읽어야 하고 그들이 성경을 해석해야 한다는 견해에 찬성하고 있었다. 런던에 있는 프랑스 교회의 마치(March)는 "개혁교회의 관례에 따라 대독자의 집무실은 목사의 집무실과는 구별되어야 한다."라고 말했다. 목사는 성경을 해석하고 적용하지만 박사는 성경을 해석만 하고 적용하지는 않는다. 그러나 대독자는 해석도, 적용도 하지 않는다. 베일리를 제외한 스코틀랜드인은 이런 것을 그들의 국가적인 체계로 장려하지는 않았던 것 같다. 베일리는 그의 친구에게[8] 보낸 서신에서 다음과 같이 주장했다.

> 대독자 제도를 폐지함으로써 우리는 도시 전체에 걸쳐 공적인 기도 활동을 억압했고 우리의 모든 대독자들을 마치 불법적인 관리인양 내쫓았다. 우리는 목사들 대부분에게 매일같이 하루 두 번의 설교와 교리학습, 세례, 주례, 회의 주재, 그리고 거의 모든 회중들의 일상적인 것에 이르기까지

---

8) 부록 E를 참고하라.

매우 무거운 짐을 지게 했다. 우리는 목사들에게 오전과 오후 내내 기도하고 찬송하고 낭독하게 할 것이다.

콕스(Cox)는 1573년에 독립교회파들이 물려받은 전통들 중 일부에 관하여 "그들은 교회에서 성경을 읽는 것을 견디지 못할 것이다."라고 적고 있다. 그러나 총회에서 그들은 평신도가 설교하는 것을 막기 위해 성경 읽기를 허용했던 것 같다. 이러한 사실은 목사 후보생의 권한이 제한되었을 때, "당신은 여기에서 목회와 관련되지 않는 설교를 해야 할지, 말아야 할지에 대해 논쟁이 아닌 결정을 해야 한다."라는 굳윈(Goodwin)의 발언에 암시되어 있다. 베일리(Baillie)가 예견한 바와 같이 그러한 결정의 결과로 스코틀랜드인 대독자는 자취를 감추게 되었고, 공동 기도문 또한 곧바로 폐지되었다. 사람들이 계속 모여 탁자에서 성서 일과를 읽는 일은 그렇게 하도록 재정이 제공된 경우에 한해서 약 100여 년 전까지 계속되었다. 결혼 예식 선언은 목사의 오랜 임무 중 유일한 교회적인 기능이었는데, 그 또한 곧 사라졌다.

그 다음 문장에 나오는 "목회직을 염두에 두고 있는 사람들"이라는 말은 성직의 자격을 받자마자 스스로 목회직에 적합하다고 주장해 온 목사 후보생들이나 예정자들이라고 이해할 수 있다. 이것은 길레스피(Gillespie)가 후기에 저술한 저서와 장로교 작가들의 「예배의 성스러운 규범」(Ius Divinum Ministerii Evangelici)에 의해 증명되고 있는데, 두 책자 모두 그들의 이론을 정립시켜 준 다음의 문장을 인용하고 있다. "장로교 정치 아래 있는 후보생들조차도 그들에게 설교를 하도록 능력을 주신 그리스도의 허락이 없거나 설교권이 없다면 잠시라도 설교를 해서는 안 된다." 총회에서 마치(March)는 설교를 허용하는 문제에 대해, "목사 안수를 받지 않으면 설교하는 것을 허락할 수 없다." 고 주장하였고, 칼빈주의자들이 제네바 주변도시들에게 보낸 제안을 취소시킨 프랑스 개혁자들보다 더 앞서 나아가는 면을 보여 주었다. 이 때는 바로 장로교 최고 회의인 총회가 찰튼(Charenton)에서 개회 중이었고, 초기 종교 회의의 금지 사항, 즉 "설교단에 오를 수 있다고 생각되는 목사 후보생들은 설교단에서 자신의 진술을 설교할 수 있다고 생각한다. 그들은 특별히 평일 평시간에 공적인 모임에서 사람들에게 설교할 수 있는 권위를 부여받는다."고 하였다. 웨스트민스터에서 루터포드는 "목사란 대체로 거의 모든 예배에서 설교하도록 기대하고 주장하는 사람"이라고 말한다. 반면에 헨더슨은 "목사 후보생의 설교와 목사의 설교 사이에는 차이점이 있는데, 가장 큰 차이점은 목사 후보생은 '말씀의 적용'(application)을 하지 않는 것이다."라고 말한다.

성경의 일정한 부분을 선택하여 더 자주 읽기를 권유하는 것은 그것이 꼭 한 번 또는 그 이상의 성서 일과로 대치할 수 있다는 것을 의미하는 것은 아니다. 우리는 6월 10일에 위원회가 최종 재검토했다는 사실을 길레스피(Gillespie)를 통해 알게 되었다. "성서 일과를 낭독하기 전에 시편을 읽을 것"이라는 지침이 예배모범에 삽입된 것을 알 수 있으며, 기록도 시편을 매일 읽는 문제로 야기된 논쟁에 대하여 말하고 있다. 라이트풋(Lightfoot)은 당시의 모호한 형식은 여러 날 후에 바뀌었고, 만일 자신이 그럴 만한 위치에 있었다면 '그와 같은'이라는 말은 사용하지 않았을 것이라고 하였다. 성서 일과에 맞춰진 일정한 "성경 구절"이나 "시편"과 같은 말들은 원래의 의미를 잃지 않았다는 것을 명백하게 보여 주고 있다. 두 단어를 구분한다는 것은 일반적으로 성서 일과 제1 과처럼 짧은 시편을 선택함으로써 성경 읽기가 복원된 이래 스코틀랜드에서 가끔씩 성경 읽기가 부적절하다는 것을 암시해 준다. 바다를 항해할 때 시편을 사용하는 방법에 관하여, 예배모범은 시편이 성서 일과보다 우선한다고 말한다. 예배모범은 이러한 구절이 잉글랜드에서 일반적으로 어떻게 이해되고 있는가를 보여 주고 있다.

말씀 강해를 허용하는 권위는 유일하게 다음 문단에 근거하는데, 후기 스코틀랜드 예배에서 더욱 더 중요한 위치를 차지하고 있다. 베일리는 런던의 목사들 사이에서 그것이 예전부터 쓰이고 있었다고 말한다. 베일리는 비록 그것을 전적으로 찬양하지는 않았지만 강해적 담화에 익숙해 있었다. 하지만 정식 설교에서 그러한 개인적 강해를 첨가함에는 반대했다. 만일 목사들에게 성서 일과를 해석하는 권한을 조심스럽게 허용하는 것이 마땅하다고 생각했다면 독립교회파들이 선호한 평신도 강해는 더 이상 진행되지 못했을 것이다. 그러나 1645년 스코틀랜드 총회가 해석한 보편적인 닝팅을 그 안에서 발견한다는 것은 어려운 일이다. 스코틀랜드의 목사들은 "성경 봉독과 각 구절의 해석 사이에 시편송을 해석하는 것에 대하여" 장로교회로부터 강도 높고 신랄한 비난을 받았다.

로테르담에 있는 스코틀랜드 교회에 대한 교회 회의록에는, 역사가인 페트리가 목사로 일할 때 바로 이듬해에 일어난 회중들의 불일치가 묘사되어 있다. "공중 기도를 할 수 있는 사람, 성경을 해석할 수 있는 사람, 목사가 병들었을 때 도와줄 수 있는 사람"으로 대독자를 선출하라는 제안으로 회의록은 시작하고 있다. 어느 날 페트리는 "정해진 성경 구절을 읽으라. 그 구절에 보편적인 제목을 붙이고, 거기에서 교리를 끄집어내라."고 했다. 사람들은 분노하였고 불평이 잇따랐다. 어떤 장로는 말씀 강화에 대하여 "신앙 고백에 역행하는 브라운주의(Brownism)이며, 그러므로 비합법적이다.", "오류와 천주교 교리를 초래하는 길이다.", "그 풍조는 지독한 스코틀랜드 교회의 지시에서 유래되었다.", "그는 잉글랜드 사람임을 의미한다."라는 말로 비판했다. 그 논쟁은 웨스트민스터 총회에 위임되었는데 총회는 그 관례에 대하여 스코틀랜드의 권위를 부여하면서, "세 왕국의 모든 교회에서 행해지는 예배에 대한 통일된 부분은 런던 회의에서 정해진 것이다."라고 하였다. 세 왕국 각자의 법령을 억지로 해석한 내용이 북부 지역에서는 매우 일반적인 것으로 받아들여짐에 따라 1694년 총회는 말씀 강화를 예배모범이 도입하고 정립한 것이라고 하였다. 그 때까지 스코틀랜드 예배에서 설교는 고정된 순서로 꾸준히 자리해 왔으며, 더 나아가 성서 일과를 대신하는 역할로 설교가 지정되었다는 것을 인정해야 한다.

성경 봉독에 대한 마지막 단락은 하원이 추가하였다(Mitchell, Westminster, p. 217).

4. 설교 전의 공중 기도

기도 항목에 대해서는 거의 토론이 제기되지 않았다. 전체 주제는 5월 28일에 마무리되었는데, 6월과 11월에 약간의 논쟁이 있었다. 목사의 직임에 관한 논쟁에서 영(Young)은 "주교가 우리에게 명한 대로 강단에서 기도해야 한다는 의무감으로" 목사가 설교하기 전에 반드시 기도를 해야 한다고 제안했다. "목사는 설교하는 사람"이라는 말은 이 제안을 실천하기 위해 받아들여졌을 것이고, 또한 독립교회파에게 이 말은 여러 회중 가운데서 사람들이 각 예배에서 맡은 분야, 즉 "첫번째 사람은 기도, 두 번째 사람은 설교, 세 번째 사람은 예언, 네 번째 사람은 축복" 등을 지적하는 말이 되었을 것이다. 목사가 참석한 공식적인 모임에서 평신도에게 기도권을 허락한 것은 나중에 반대자들이 비난할 여지를 마련해 주었다. 청교도들은 원죄의 교리를 인정하지 않는 잉글랜드 예식서에 들어 있는 '일반 고백'을 계속 반대해 왔다. 비록 "우리 가운데 죄 없는 사람은 없다."라는 말이 교리적인 형태를 띠지 않은 채 충분히 뚜렷하게 진술하고 있는 것으로 보이지만 말이다. 이것에 대한 인식이 기도문 첫 부분에 삽입되어 있다.

이렇게 구분되었을 때 일반적인 중보 기도는 설교 전에 하게 되었고, 설교 후에는 감사 기도가 자리잡게 되었다. 그러나 스코틀랜드 관습은 설교 후에 중보 기도를 드렸기 때문에 선택 가능한 타협안으로 마지막 단락에 이를 허락하는 문장을 추가하였다. 베일리가 동료들에게 쓴 논문을 보면, 그 당시 스코틀랜드 사람들이 이 점을 얼마나 심각하게 인식하고 있었는지를 알 수 있다. 요즈음 교회는 조상들이 우리를 위해 보존해 온 전통을 포기하는 경향인 것 같다. 이는 영국 국교도주의로 생각되는 것에 우연히 일치하는 한 예로서, 우리 안에서 예전을 개선하는 것을 방해하는 행위이다. 잉글랜드 예배에서 군주를 위한 기도와 설교 후 교회 군인을 위한 포괄적인 기도를 주시하지 못한 사람들은 매주일 성찬 예식이 있든 없든 성찬직의 일부를 감당해야만 했다. 이전 예배에서 동일한 영향을 미친 다른 기도가 있었다는 것은 의심할 여지가 없지만 그러한 기도는 목사와 성도가 주고받는 연도(litany)에 제한되었으며, 예배모범을 대체할 예정이었던 과거의 엘리자베스 예식서의 매일 예배에서도 그런 기도는 찾아볼 수가 없다. 현재의 저녁 예배에서 설교에 대한 항목은 찾아볼 수 없으며, 만약 있다고 해도 세 가지의 집도문을 끝내고 나서야 가끔 소개될 뿐이며, 목사나 군주를 위한 기도보다 우선하고 있다.

5. 설 교

이 분야는 6월 3일에 논의되기 시작하여 4일 동안 계속되었다. 휘테커(Whitaker)는 설교에 대한 예배모범 내용을 거부할 것을 주장했으나 긴 논쟁 끝에 결국 패배하고 말았다. 긴 논쟁에서 루터포드가 주도권을 잡고서 휘테커의 견해를 반박했다. 목사 안수 규정은 총회에서 동의된 교회 정치 형태 분야에서 논의되거나 대체로 표준들 가운데 언급되어 있다.9)

기록에 의하면, 그 다음 문장이 논의되자 "본문 없이 설교하는 자유가 주어졌기 때문에, 본문 또는 논증에 관한 협의"가 있었다고 한다. 독립교회파 사람들에게 본문 없는 설교는 하나의 관례였으며 논증은 생략되었다. 총회는 먼저 "설교는 성경의 한 본문이나, 또는 시편 전체와 성서 일과를 근거로 행해져야 한다."고 규정했다. 성경의 한 부분을 계속해서 설교하는 관례는 당시의 스코틀랜드 교회에서는 보편적이었다.

그 다음 문단에 나오는 단어에 관하여는 많은 논쟁이 있었는데, 그 중 몇 가지는 대단히 하찮은 것이었다. 라이트풋은 아멘이라는 용어를 주제로 한 설교를 가능하게 하기 위하여, "본문의 몇 군데"라는 용어를 반대하는 데 성공했다고 만족스럽게 기록하고 있다. 설교 구성에 관한 전체적인 지침은 버네트 주교가 말하듯이 1638년 이후 스코틀랜드 설교자들이 선호한 교리를 중요시하였으며, 이성과 관습에 따른 설교 형식을 띠었다. 그 형태

---

9) 부록 F를 참조하라.

는 오래 계속되지 않았다. 불과 몇 년 후 베일리는 말하기를 비닝(Binning)과 라이튼(Leighton)이 "본문을 해석하고 구분하는 일반적인 방법을 경멸하는 설교의 새로운 위장술을" 도입했다고 불평했다. 총회는 반대자들을 무마하기 위하여 "이 방법은 규정된 것이 아니다."라고 시작되는 조항을 삽입했다. 가장 긴 논쟁은 설교단에서 죽은 언어를 사용하는 것이 적합한가의 문제였다. 이틀간의 토론 끝에 그들은 "알려지지 않은 언어의 부적합한 사용은 자제하자."는 데 동의했다. 마지막 항목은 교회 정치 형태와 아주 밀접하게 관련되어 있기 때문에 목사와 교사, 혹은 박사들이 매우 중요하게 여겼으며, 그것은 차별성을 말한 것으로 생각된다. 예배모범은 설교를 얼마나 길게 하는지 혹은 몇 번 설교하는지에 대해서는 다루지 않고 있다. 설교 길이에 관한 논쟁은 토론되다가 중단되었고, 설교 횟수에 대한 문제는 오랫동안 스코틀랜드 교회 관례로 정형화되어 온 것이었기에 문제될 것이 없었다. 오후에는 언제나 교리 문답이 최소한 두 번 이상 있었다. 커튼(Kirkton)은 왕정 복고 시대 이전에 모든 목사는 한 주일에 세 번 설교했고, 한 번의 교리 문답 시간과 강화 시간을 가졌다고 말한다. 감독교회에서는 주일날 두 번 설교하는 관습이 계속되었다. 심방에 관한 스코틀랜드 교회의 1705년의 규정에 의하면, 아침 예배 시간에는 강화나 설교를 하고, 오후에는 교리 문답을 가르치도록 하고 있으며, 그 외에도 주중에 어떤 날은 설교를 하도록 하고 있다. 이 법칙은 일반적으로 잘 지켜진 것으로 보인다. "스코틀랜드에는 900개의 교구가 있었으므로 결과적으로 매 주일마다 1,800회 예배를 드렸다." 요리 문답 교리에 관한 가장 최근의 보고인 1720년 법령은 요리 문답을 성실하게 준수하라고 명하고 있다.

6. 설교 후 기도

감사 기도가 시작된 것은 총회 회원이었으며 나중에 놀위치(Norwich)의 주교가 된 레이놀드 박사의 업적이라고 미첼(Mitchell) 교수는 생각하였다. 어떤 사람들은 일반 예식서의 '일반 감사 기도' 덕분이라고 생각하기도 한다. 예배모범이 이 부분에서 이견을 보인 유일한 문제는 주기도문 사용에 관한 것이었다. 그러나 이것은 "거의 논쟁 없이" 승인되었다. 카트라이트의 규칙서에 따르면, 두 개의 기도문 중 마지막에 각각 주기도문을 사용하고 있다. 주기도문이 마지막 기도 끝 부분에서만 사용되었다고는 생각되지 않는다. 이 규정은 원래 위원회가 제시한 나누어지지 않은 기도문 마지막 부분에 있었는데, 분할이 된 후에는 마지막 부분에 남게 되었다. 스코틀랜드 관례는 일치하지 않는다. 일반 예식서는 마지막 기도와 사도신경 사이에 주기도문이 있었다. 헨더슨의 설교는 주기도문이 설교 전의 기도 중 맨 마지막에 했음을 보여 주고 있다. 웨스트민스터 총회 후에 극단적인 입장을 가진 스코틀랜드인들은 비록 반대가 없지는 않았으나 주기도문을 금지하는 데 성공하였다. 1646년에 에드남(Ednam)의 교구 신자들은 노회 앞에서 자신들의 목사가 열렬한 개혁자이긴 하나 주기도문을 사용하지 않는다고 불평을 터뜨렸다. 비록 성공하지는 못했으나 18세기 초엽부터 오랫동안 주기도문을 재생시키려고 노력한 코더의 휴 캠벨 경(Hugh Campbell of Cawder)은 소책자에서 말하기를, 1649년 총회의 암묵적인 동의 아래 주기도문 사용이 금지되었으므로 그에 대한 책임이 있다고 하였다. 제2의 영국 국교회 아래서 주기도문은 마지막 기도 후에 사용되었으나 혁명가들은 다시 한번 이를 거부했다.

같은 운명이 폐회, 영광송, 삼성송에도 주어졌으며, 현재까지 스코틀랜드는 언제나 곡조 있는 시편송으로 예배를 마쳤다. 예배모범은 주기도문을 금지하는 어떤 요구도 없었으며, 베일리는 잉글랜드도 그것을 반대하지 않았다고 말한다. 그러나 스코틀랜드 개혁자들은 1645년의 총회가 강단에서 사적으로 기도할 때 주기도문을 금지시키도록 최선을 다하였다. 칼더우드(Calderwood)는 주기도문을 옹호하기 위해 최선을 다해 싸웠는데 "그대로 두자. 왜냐하면 나는 영광 중에 노래하기를 소망하기 때문이다."라고 총회에서 절규하였다. 길레스피는 "주기도문을 폐지하는 것이 좋을 것 같다."고 말하였다. 이 주장은 감독 제도의 냄새가 나는 부패한 관례로 혁명 시기에는 금지되었으나, 왕정 복고 시대에는 다시 주장되었다. 스코틀랜드 교회는 오랫동안 성 삼위일체께 드리는 고대의 찬미 의식을 반대하였다. 수세대 동안 그것은 공인된 찬미 가운데 마지막 순서였다.

축도와 관계된 유일한 논생은 성찬 예식이 거행될 때 강복 선언을 예배 후에 해야 하는가, 아니면 일반 예배와 성례전이 끝난 뒤에 해야 하는가의 문제였다. 이 문제는 두 회기 동안 논의되었다. 마지막 항목의 괄호 부분은 총회가 한 번의 강복 선언으로 충분하다고 생각한 것으로 보인다. 라이트풋은 "아무래도 좋다는 것을 의미하며, 목사가 성찬 예식 전과 후에 강복을 선언하는 것을 의미한다."고 말한다. 하나님의 이름으로 회중들에게 행하는 강복 선언은 목회 사역에 속하는 절대적인 기능으로 생각되었다(제2 훈련서, 교회 정치 형태). 예배모범을 작성하는 소위원회 위원이었던 힐(Herle)은 그 논쟁에서 장로교적 견해를 규정하였다. "강복은 기도가 아니다. 왜냐하면 그것은 하나님을 대리하는 것이기 때문이다. 만일 기도가 아니라면 그것은 어떤 약속에 의하여 전달하는 것인데, 그것은 목회의 전달 행위일 수밖에 없고, 조건적인 행위일 수밖에 없다." "너희와 함께 있을지어다."라는 말은 스코틀랜드 교회에 있어서 목사들만 사용하는 것이었다. 아직 안수받지 않은 목회 지망생들은 "너희와 함께 있을지어다."라는 문구를 사용하는 것을 축도가 아닌 기도로 생각하였으므로 목사들처럼 손을 들지 않았다. 파도반(Pardovan)은 총회에서 총회장이 축도할 때는 예외라고 말했는데, 그것은 의장이 오직 '제1인자'(primus inter pares)라는 명백한 인식 아래 "우리와 함께 있을지어다."라고 축도할 수 있다고 말했다. 워든(Warden)은 "세례에 관한 소고"에서 축도할 때 발생하는 경건하지 못한 태도를 비난하였는데, 이로 미루어보아 당시에는 앉아서 또는 무릎을 꿇고 축도를 받았던 것으로 생각된다.

7. 세례식

이 주제는 총회에서 12회기에 걸쳐 논의되었으며 회무 자체에 대한 경고가 한 번 있었던 것은 분명하다. 스코틀랜드 관례에 의하면, 세례식은 어떤 일이 있어도 거행되어야 하며, 늦어도 출생 후 두 번째 주일에는 행해져야 한다고 한다. 세례를 베풀 때에 오해의 소지가 없게 하고 또한 비상시라 할지라도 평신도들에게 문을 개방하지 않도록 하기 위하여 목사만이 세례를 베풀 수 있다는 규정이 첨가되었다. 이것은 일반 기도서에 관한 예배 규정서(rubric)에 따른 것이었다. 시멘(Seaman)은 박해받는 시기에 평신도라도 세례를 베풀 수 있게 하려고 '어떠한 경우에도'라는 말을 삭제하자고 제안했지만 아무런 지지를 받지 못했다.

사적인(on private) 세례에 관한 논쟁은 둘째 날까지 계속되었다. 공적 세례를 해야 한다는 결정이 내려진 후에, 그것을 법령에 첨가시킬 만한 이유를 만들기 위한 시도가 있었지만 성공하지 못했다. 1645년 스코틀랜드 부칙령에는 설교 후에 세례식을 거행해야 한다는 조항이 첨가되어 있다. 헨더슨의 논문에 의하면, 웨스트민스터 총회 전의 관례는 설교의 마지막에서 감사 기도와 중보 기도 전에 세례를 베풀었음을 보여 준다. 길레스피와 그의 동료들은 유아 세례를 목사가 설교할 때 서는 장소에서 베풀어야 한다고 주장했다. 사실상 이것은 교회문에서 세례 받는 것을 금하게 하는 주장이었다. 모든 세례반(盤)을 없애자는 제안은 채택되지 않았다. 스코틀랜드 관습에 의하면, 아버지들은 출생한 아이를 하나님께 바쳤는데, 이 내용은 예배모범에 구체적으로 잘 나타나 있다. 베일리는 "우리는 일반적인 관례에 따라 자녀를 바치는 예식을 산파가 아닌 부모들이 수행해 왔다."고 말하였다. 모러(Morer)는 "영국 국교회 시대 말기에는 아버지가 그 역할을 했다."고 말하고 있다.

　원래의 부모를 대신하는 대부모(代父母) 제도는 무엇보다도 부모에 대한 후원 의무 규정에 따라 금지되었으나 친부모가 불가피하게 부재인 상황에서만큼은 허락되었다. 유아 세례 자격이 은총의 언약을 고백하는 사람의 직계여야 한다는 것은 교리와 일치하였다. 그러나 이것은 바로 윗대, 즉 부모 세대에만 해당되는 것은 아니다. 낙스(Knox)는 칼빈에게 이 문제를 질문하여 거룩하고 경건한 조상들로부터 연유한다는 해답을 얻은 바 있으며, "300여 년 전, 아니 그 이전부터 하나님은 그들을 양자로 삼으시는 영광을 허락하셨는데, 그 은총이 불경건한 부모들에 의해 방해되는 것은 옳지 못한 일이다."라고 덧붙였다. 동시에 그는 후원자의 필요성을 인정하였고, 개혁의 진행과 함께 부모들은 자기 자녀를 바치고 주요한 후원자들이 될 시기를 예상했다. 이러한 먼 조상으로부터 권리를 전달받는다는 교리는 한편으로 루터포드에 의해 상당한 지지를 받았으나 반면 보스톤에 의해서는 공격을 받았다. 1712년 총회 법령에 근거한 스코틀랜드 교회법은 부모를 후견인으로 지명한 것 외에 또 다른 후견인을 정하도록 지시하고 있는데, 우선은 일가친척이, 그런 사람이 없다면 기독교인 형제가, 출생 혈통을 알 수 없는 아이들인 경우에는 교회 직원을 후견인으로 지명하고 있다.

스코틀랜드 교회는 부모를 무시하지 않고 도와주는 사람을 이차적인 후견인으로 인정해 왔다. 일반 기도서의 세례 규정서(rubric)에는 아버지와 대부가 모두 나와서 첫번째 질문인 "여기에 참석했습니까?"라는 질문에 함께 대답하도록 되어 있다. 이것은 프랑스 훈련서와 외국 교회를 따른 것이다. 때때로 유아 세례를 받은 사실에 대하여 증인이 없다는 논쟁이 발생했다. 세례명(洗禮名)은 종종 증인들이 신청했다는 것은 분명하며, 잊혀진 원래의 의미와 함께 오늘날까지 지속되어 오고 있다. 그러나 칼더우드는 자신의 저서 「역사」의 한 대목에서, 독립교회파인 브라운이 어떻게 에딘버러에 왔으며, 브라운이 회기에 앞서 어떻게 논쟁했는지를 말하면서, "세례식에서 증인들은 무관한 존재가 아니라 오히려 해로운 존재였다. 그래서 그는 수련 기간에 증인의 역할을 포기하였다."라고 말한다. 이 구절은 증인 제도가 얼마나 무의미하게 사용되었는가를 보여 주고 있다. 웨스트민스터 총회에서 또 다른 독립교회파인 브리지(Bridge)는 신자의 세례 고백에 대한 논쟁에서 "개혁교회들의 경우에는 세례 고백뿐만 아니라 증인들도 데려와야 할 것이다."라고 말했다. 대모와 증인은 언어 용법상 동일한 용어였다는 충분한 증거가 있다. 매싱거(Massinger)

의 '동방의 황제'라는 글에서, 여주인공의 두 명의 대모가 누구인 가를 말하는 대목에서, 파울리누스(Paulinus)는 "누가 남자 증인 인가?"라는 질문을 받았을 때에 "새로운 여왕의 옷을 입었을 때 나는 존경을 받았다."라고 응답한 것을 볼 수 있다.

 예배모범에는 부모가 불가피하게 부재한 경우를 제외하고는 보조적인 후견인에 대한 언급이 없다. 부모이든 아니든 간에 상관없이, 어떻게 그 밖의 사람이 후견인이 되는지를 이 부분 전체에서 언급하는 것은 가치 있는 일일 것이다. 기도와 권고를 할 때 세례 받는 아이들은 중요한 대상이다. 후손의 권리로, 세례 받은 아이가 법규를 준수했다는 과거의 주장은 가볍게 다루어지고 있으며, 후원자에 대한 미래적 청원도 단 한 줄 쓰여 있을 뿐이지만, 반면에 자신의 의무와 특권은 매우 강조되어 서술된다. 신앙 고백과 두 개의 교리 문답에서도 부모를 세례에 대한 권리의 전달자로는 거의 언급하지 않고 있으며, 교육적 서약을 증여하는 사람으로도 결코 언급되지 않는다. 이렇게 나앙한 진리를 비교할 때, 그리고 오늘날 일반적인 견해와 강단의 교리를 초기 스코틀랜드 표준에 비교해 볼 때 의식에 관한 믿음의 기초가 완전히 바꾸어졌다는 것을 분명히 알 수 있다. 인간적인 입장에서 세례 언약의 주된 당사자는 세례를 받는 사람이 아니라 후견인이라는 지배적인 견해는 예식서의 권고문, 즉 "세례를 받는 아이들은 가견적 교회의 품안으로 성결하게 받아들이고, 세상과 믿지 않는 사람들로부터 구별되며, 믿는 자들과 연합한다. 그리고 그리스도의 이름으로 세례를 받는 모든 사람은 마귀와 세상과 육적인 것을 포기하고, 세례에 의하여 마귀와 세상과 육적인 것에 대항하여 싸워야 한다."는 것에 매우 모순된다. 논쟁 중에 가테이커(Gataker)의 다음의 말은 이러한 견해에 강한 확신을 준다.

그것은 "나는 아버지가 믿음의 법적인 책임자(a fide jussor)가 될 수 있는지에 대하여 일종의 의문을 갖고 있다."라는 말이다. 하나님의 법에 따라 아버지는 세례식에 참석하든지 참석하지 않든지 간에 자신의 모든 의무를 수행해야 할 입장에 서 있다. 세례식을 함으로써 세례 받은 아이가 실질적으로 은총을 받은 것이지 아버지가 은총을 받는 것은 아니다. 아버지 입장에서 재세례는 없다. 이 항목의 첫 부분과는 완전히 모순되게 다른 한 언어는 일반 사람들에게 뿐 아니라, 목사들 사이에서도 보편적으로 사용되고 있다. 이렇게 해서 '성찬에 참여하는 자'와 '교인'이라는 말은 서로 바꿔 쓸 수 있는 단어가 되었다. 독립교회파의 특징적인 개념들 가운데 어떤 것은 스코틀랜드에서 비롯되었고, 어떤 것들은 개혁자들이나 또는 그들의 후계자들을 통해 전달되었다. 베일리는 독립교회파를 이렇게 설명하고 있다. "그들은 계약 관계 안에 들어올 때에야 비로소 유아들에게 교회의 구성원이 되는 세례를 베풀 수 있다고 생각했다. 세례 받기 전까지는 교인이 아닌, 즉 교회 구성원이 아니므로 모든 훈련을 받을 수 없고 주님의 만찬에 참여할 수 없다고 생각했다." 독일의 세례 전례문은 "아이들은 그리스도 안에서 거룩하게 되었으므로 그리스도 교회의 구성원이라는 자격으로 세례를 받아야 한다."고 말하고 있다.

부모에 대한 짧은 권고문은 처음에 의도한 것과는 다른 형태이다. 동방교회 형식에 따라 스코틀랜드 교회는 후견인에게 사도신경을 암송하게 하였다. 베일리는 "잉글랜드에서는 세례식 때 절대로 사도신경을 암송하지 않았고, 그들은 그러한 멍에를 메지 않았다. 영국 국교회 예배모범은 세례에 대한 동의만을 요구했고, 미들버그와 사보이 예식서에 따르면 청교도들은 더 이상 아무것도 요구하지 않게 되었다." 독립교회파들은 사도신경을 악한 낡은 미봉책으로 여겨 매우 싫어하였다. 총회에서 독립교회파들은 신앙 고백을 없앨 것을 요구하였다. 비록 루터포드가 "하나님의 법을 신앙 고백 위에 두려는 의도는 없다."고 말했음에도 불구하고, 스코틀랜드 사람들은 신앙 고백을 개혁교회에 보편적인 것이라고 하면서 지지하였다. 편집자가 기록의 처음 두 단어를 잘못 해독함으로써 1868년의 증보판에서 "우리는 ~하려고 의도했다."(We intend)라고 인용하고 말았다. 신앙 고백에 대한 호의적인 토론이 진행될 때 이 부분이 신앙 고백을 문답식으로 해야 할지, 혹은 목사가 선택한 연설로 해야 할지, 한 질문을 할지, 혹은 그 이상을 할지, 그리고 사도신경은 어떻게 할 것인지를 결정하는 데 문제를 제기했다. 위원회는 네 가지 질문을 제안했다.

당신은 성경에 있는 신앙에 관한 모든 내용을 믿습니까?
이 땅의 모든 사람들과 이 아이는 죄악 속에서 태어난 것을 인정입니까?
피와 성령님이 죄를 씻습니까?
그러므로 당신은 이 아이에게 세례를 받게 하겠습니까?

토론 후에 이러한 또는 그 비슷한 질문에 대답함으로써 자신의 신앙을 고백하도록 권면받는다.

당신은 성부 하나님과 성자와 성령님을 믿습니까?
그리스도께서 당신에게 명하신 모든 것을 지키겠습니까? 그리고 그것을 지키기 위하여 노력할 것입니까?
당신은 이 아이들이 그리스도의 신앙과 고백 안에서 세례 받기를 원하십니까?

11월에 있었던 마지막 개정에서 이런 질문을 없애기 위한 시도가 있었지만, 그러나 후에는 "더욱 열심히 노력하는"이라는 문구를 남기게 되었다. 결과적으로 그런 말들은 없어지고 현재는 "자신의 의무를 실행하도록 하기 위한 경건한 약속을 요구하는"이라는 말만 남았다. 크라렌든(Clarendon)은 총회 회원인 펨브록(Pembroke) 경의 말에 근거하여, 토론이 끝나자 하원은 예배모범에 사도신경과 십계명을 포함하는 것을 거부했다고 말하고 있다. 스코틀랜드 사람들 중 일부는 세례를 줄 때 사도신경을 계속 사용하도록 하기 위해 노력했다는 것은 분명하다. 미첼 교수가 한 연구를 통해서 의회가 그들의 영향력 아래 네 가지 질문을 제출한 점과, "요구하는"과 같은 몇 가지 애매한 용어가 대체되었다는 점을 발견한 것은 놀라운 일이다. 이 네 가지 질문은 1645년 2월에 베일리와 길레스피가 참석한 스코틀랜드 총회에서 제안되고 가결되어 예배모범에 포함된 것으로 보인다. 웨스트민스터 목사들이 수정안을 의회에 제출함에 따라 예배모범 인쇄는 그 문장이 첨가될 때까지 연기되었다. 미첼 박사의 추론에 의하면 잉글랜드의 의문들을 제거함으로써 스코틀랜드는 애매한 용어 덕분에 '엄격하고, 완전한 신앙 고백에 대한 총회의 여러 가지 법령과 일반 예식서가 승인한 관례를 자유롭게 보존하기를' 소망하게 되었다. 만일 그러한 의도가 사도신경을 살리기 위한 것이었다면 그것은 전적으로 실패하고 말았는데, 이유는 개혁파들의 점증하는 힘이 주기도문과 영광송, 그리고 국가 예배에 있어서 특징적인 형태의 운명을 결정했기 때문이다. 이처럼 수세기 동안 사도신경은 주일 예배와 스코틀랜드 세례 예식에서 사라졌지만 그것은 이렇게 하여 웨스트민스터 표준 가운데 하나로 남게 되었다. 소요리 문답 공인 판이 사도신경과 그 권위를 규정한 문장을 너무 자주 생략하도록 허용했다는 것은 참으로 유감스러운 일이 아닐 수 없다. 헨더슨의 '정치와 직제'는 당시의 기도가 세례식에 있었음을 보여 주고 있다. 예배모범은 일반 기도서에 있는 위치대로 기도를 회복시킴으로써 세례식을 집행하기 바로 직전에 기도 순서를 두었다. 독자들은 예배 규정서(rubric)가 성물과 의식에 대하여 하나님의 은총의 기도를 명령할 뿐만 아니라, 다른 성례전처럼 제정사를 기도 전에 반복하든지, 잉글랜드 의식에서처럼 기도 속에 포함할 것을 암시하고 있다는 사실을 간과하기 쉽다. 코스의 포브스(Forbes of Corse)에 의하면, 스코틀랜드에서는 후견인이 세례 기도를 할 때 무릎을 꿇었다. 1642년 길레스피는 논문에서 비록 그 추론을 논박하기는 하지만 이러한 사실을 받아들이고 있다. 모러(Morer)는 영국 국교회 세례식에 사용된 두 가지 기도문을 발견하였다. 하나는 권면과 "사도신경에 관한 몇 가지 질문"을 할 때 은총이 임하기를 간구하는 것이며, 다른 하나는 앞으로 도움을 받기 위해 세례 전에 드리는 기도였다. 모러(Morer)는 "이 나라에서 영국 국교회인과 장로교인을 구별하는 차이는 거의 명목적인 것이며 하찮은 것일 뿐이다."라는 사실은 모든 예식에서 앞으로 더욱 분명해질 것이라고 말했다. 워드로우(Wodrow)는 당시 아일랜드 장로교인 가운데 신앙이 계속 감소되는 증거로 "킬패트릭(Kilpatrick)과 그 밖의 사람들이 어린이들에게 세례를 베풀 때 성물 또는 성흔을 구하는 은총의 기도를 드리지 않는다. 즉 그들은 세례에서 어떤 성화도 인정하지 않는다."라는 사실을 제시하고 있다.

　　세례식 집례 방법에 대해서는 다소 오래 논의되었는데, 물을 뿌리는 것에는 모두 동의하였다. 그러나 원래 초안은 약간의 반대에도 불구하고 그리스도의 제정사에 동의하였다고 선언하고 있다. 대부분의 사람들은 "목사만 물을 가지고 뿌리거나 부을 수 있다."라고 결의하였다. 훗날 그들은 물을 붓는 것이나 뿌리는 것에 호감을 표시하였고, 침례도 금지하지 않았다는 현재의 용어를 받아들였다. "다른 의식을 덧붙이지 않고"라는 말은 청교도들과 스코틀랜드인들의 눈으로 보면 십자가를 긋는 표식을 말하고 있다는 것에는 의심의 여지가 없는데, 이것은 잉글랜드 예식서에서 가장 극심한 반대를 불러일으킨 문제 중의 하나였다. 콜만(Coleman)은 세례를 줄 때 물을 몇 번 뿌릴 것인지 횟수를 정하자고 제안했지만 아무런 지지도 받지 못했다. 아마도 그의 마음속에는 독일 개혁교회에서 하는 대로 세 번 물을 뿌리는 의식을 염두에 두고 있었던 것 같으며, 그것은 아마도 초대교회의 3회 침례에 근거한 것으로 보인다. 1645년 잉글랜드에서 출판된 독일교회 훈련서에는 한 번 또는 세 번 중 선택해서 물을 뿌리도록 되어 있다.

하몬드(Hammond) 박사는 순산에 대해서는 감사 예배를 드릴 필요가 없다며 반대하였는데, 이 내용은 총회 지침서에 작성되고 토의되었지만 결국에는 중지되었다. 스코틀랜드에서는 순산 감사 예배가 특별한 예배로 알려져 있지는 않았으나, 세례 후 기도에서는 보통 어머니를 대신하여 감사 기도를 드렸다.

8. 성찬식

성찬 예식은 예배모범 논쟁 중에서 가장 오랜 시간 동안 가장 격렬한 논쟁을 일으켰다. 75개 조항 중 18개 조항이 성찬 예식에 관계된 내용이다. 교리적인 면보다는 예식에 관한 분야에서 의견 차이가 있었다. 첨예한 대립이 스코틀랜드 교회와 독립교회파 사이에서 일어났다. 위원회가 열리기 전에 성찬 예식을 몇 번 가져야 하는가에 대한 질문이 제기되자 프랑스 훈련서(the French Discipline)와 제1차 스코틀랜드 훈련서(the Scottish Book of Discipline)에 따라 적어도 1년에 네 번 성찬식을 해야 한다는 주장이 나왔다. 길레스피는 이 주장이 성경에 결정되어 있지 않은 사항을 규정하려는 시도라면서 반대하였다. 결국 이 문제는 지금과 같이 애매한 문장으로 통과되고 말았다. 길레스피는 스코틀랜드 교회의 주장이 교회법이 명하는 것보다 덜 의식적인 것을 선호한다고 생각했다. 웨스트민스터 총회 이후 그러한 악행은 증가했다. 이 때부터 왕정 복고 시대까지 글래스고우에서는 단지 여섯 번의 성찬 성례전이 거행되었을 뿐이다. 성 앤드류(St. Andrew)와 에딘버러(Edinburgh)는 성찬식 없이 연이어 6년을 보냈고, 제임스 거쓰리(James Guthrie)가 관할하던 스터링(Stirling)도 9년 동안 성찬식 없이 보냈다. 감독제 하에서 성찬식은 마찬가지로 불규칙하게 진행되었다. 글래스고우에서는 왕정 복고 시대와 영국 혁명 사이에 단 두 번의 성찬 성례전이 거행되었다. 법이 제정된 이후에도 성찬 성례식을 강화하겠다는 진지한 노력은 뒤따르지 않았다. 그 후 오랜 시간이 지난 뒤 약간의 불일치는 있었지만 대부분의 사람들은 유월절처럼 일 년에 한 번 축제로 성찬 예식을 가져야 한다고 생각하게 되었다. 그러나 일 년에 한 번 가장 적합한 날에 성찬식 연례 행사를 치렀다는 말은 들려오지 않았다. 1215년 제4차 라테란 공의회는 성인들은 일 년에 한 번과 부활절에 죄를 고백하고 성찬 성례전에 참여해야 한다는 의식 규정을 통과시켰다. 종교 개혁이 시작되기 전까지 이러한 극단적인 예가 대다수의 사람들에게 규칙으로 채택되어 왔다. 새로운 법규에 의거하여 부활절 축제는 금지되었다. 그러나 연례 성찬 예식, 고난 주간, 예비 금식, 성례전에 참여할 성도가 영적으로 문제가 없는가에 대한 확인 등은 계속 진행되었다. 또한 후대에는 이러한 관습들이 어디서부터 비롯되었는지를 전혀 고민하지도 않고 다시 반복되었다. 초대교회의 확실한 관례, 1년에 네 번 성찬식을 권고하는 프랑스 모범과 훈련서, 매달 한 번 성찬식을 제안하는 제네바 예식서와 일반 기도서, 또 수시로 성찬식을 하도록 권고하는 예배모범, 총회 법령은 물론 윌슨(Willson)과 어스킨(Erskine) 박사 등이 강조를 호소했음에도 불구하고, 자주 인용되는 칼빈의 금언 "사람들이 일 년에 한 번 성만찬에 참여하도록 한 관례는 분명히 악마의 농간이다."(consuetudo que semel quotannis communicare jubet, certissimum est diaboli inventum)에 대해서는 아무 말이 없었다. 성찬 성례전을 일 년에 한 번 거행하는 관례는 스코틀랜드 대부분의 교구에서 지켜졌으며, 지금까지 중단된 곳은 한 곳도 없다. 아침 예배 때 성찬 성례전을 거행하도록 한 예배모범의 규정은 아마도 어떤 새로운 교회, 즉 독립교회파를 염두에 두었던 것 같다. 독립교회파에 속한 교회는 매주일 오후에 성찬 성례전을 거행하는 것으로 위원회에 보고되었다.

성도가 마땅히 성찬 성례전에 참여할 자격이 있는가의 문제는 총회에서 교회 정치가 토의될 때 많은 의견 차이를 보였다. 여기에 소개된 규정은 처음에는 더 길고 정확했다. 우리는 의회가 수찬 정지에 관한 법규를 논의할 때 그 이듬해에 보여 준 것처럼, 그들 자신을 제외한 채 이 부분에 대한 법규 확립에 매우 적극적이었던 의회에 의해 현재의 범위로 축소되었음을 짐작할 수 있다. 권면에 해당하는 구절에 사용된 언어는 공동 예식서에 비한다면 덜 엄격하다. 라이트풋(Lightfoot)은 수찬 정지 법규가 총회에서 극심한 논쟁을 일으켰다고 말하고 있다. 기준에 대해서도 성만찬에 참여할 자격 검증 원칙은 사보이 예식서(Savoy Liturgy)보다는 스코틀랜드 교회의 기준을 더 많이 참고하였다. 그 때까지 스코틀랜드에서는 모든 회중이 각각의 성찬 성례전에 참여하기 전에 그들이 성찬에 참여할 자격이 있는지를 조사받았다. 1645년의 보충 법안은 이 방법을 계속 진행하도록 법규를 제정했다. 그러나 그것은 오랫동안 거부되었다. 1706년의 법안 제11 장은 특별히 성찬 성례전에 처음 참여하는 사람의 자격을 검증하는 방법을 제공하고 있지만 이 규정을 회중 전체를 판단하는 이론으로 삼고 있었다. 1727년의 법안 제8 장은 이 문제에 대해서 특별히 1645년의 법안을 준수하도록 명령하고 있다.

다음 항목은 성찬식 공고와 준비 예배가 구태여 필요하지 않을 만큼 너무 자주 성찬 성례전을 거행하는 경우를 제외하고는 주중에 한 번 성찬 예배를 요구하고 있다. 그러한 예배는 잉글랜드에는 알려져 있지 않았다. 의회가 노르위치의 렌(Wren) 수교를 고발한 이유 중의 하나는 성찬 성례전을 거행하기 전 이틀이나 3일간 하도록 되어 있는 준비 설교를 금지한 때문이었다. 1645년의 의회 법안은 토요 예배를 강제로 제정했는데, 사실 그것은 스코틀랜드의 오래된 관례였다. 성찬 성례전 이전에 3~4일간 금식하는 관례는 당시에는 아직 소개되지 않았다. 글래스고우에서 있었던 회의 기록을 발췌한 워드로우(Wodrow)는 1655년 이전에는 어떠한 실례도 발견하지 못한 것처럼 보인다. 물론 연중의 모든 절기 중에 스코틀랜드 도시 전체에서는 평일 설교와 매일 기도가 있었다. 신교가 분리된 후에는 새롭고 정교한 예배 체계가 개혁자들에 의해 소개되어 버네트(Burnet)와 그 밖의 사람들에 의해 완전하게 묘사되었다. 자기 명령에 따르는 단지 몇 교구의 교회만을 관리한 그들은, 인근지역에 있는 자신들의 추종자와 가까운 거리에 있어서 찾아올 수 있는 동조자들을 위해 성찬 성례전을 거행했다. 그 결과가 1657년의 소논문에 이렇게 묘사되어 있다.

"국교에 반대하는 형제들은 새롭고 불규칙한 방식을 받아들였다. 다른 집회에서 온 사람들을 받아들이는 관습을 없애기 위해, 그들은 이제 일반적으로 규정을 준수하지 않았는데 오히려 굉장히 많은 수의 목사들, 즉 6~7명, 어떤 때는 그 배 이상의 목사들이 대부분의 집회에서 당일에 설교를 해야 하는 운명에 처했다. 이 현상은 전국적으로 영향을 미쳤으며 수많은 회중이 그들에게로 몰려들었다. 날마다 그들이 모이는 집회에서 이러한 많은 목회자들이 토요일, 주일, 월요일에 서로 번갈아 가며 설교를 했다. 따라서 3~4명, 혹은 그보다 더 많은 사람들이 성찬 성례전 준비 때 설교를 하게 되었고, 그 다음날인 월요일에도 많은 사람들이 설교를 했다. 주일에는 때때로 성찬 예전을 집례하기 전에 3~4명이 설교를 하기도 했다. 그 외에도 교회 안에 들어오지 못하는 수없이 많은 사람들에게 설교하는 사람도 있었다."

이러한 상황에서 열정적인 감정이 눈을 떴고 사람들은 목회를 전체적으로 조합하는 체계와 성찬 성례전이 거행되는 어느 교회에서든지 복음주의적 예배가 확대됨으로 인해 지역 사람들과 친밀하게 되었다. 이러한 방식은 감독제 밑에서도 목사들의 위치를 견고히 하였고, 영국 혁명 후에도 이 제도는 영속화되었다. 야외 설교는 박해 기간 동안 광야에서 드린 예배를 회상하게 해주어 더욱 소중하게 여겨졌다. 성례전을 통한 연합은 참석할 수 있는 다른 모든 예배보다 가장 엄숙한 장엄함을 부여했지만 이것은 성찬 성례전의 희소성이라는 너무나 큰 대가를 치르고 얻게 된 것이었다. 1701년과 1724년의 총회 법령은 성찬 성례전이 거행되는 날 이웃 교회를 차단하는 것을 금지한 1645년의 조항을 강화하려고 시도했지만 헛수고였다. 1709년에 '복음의 호시절'을 언급한 워드로우(Wodrow)는 야외 설교가 없거나 또는 성찬 설교가 끝나고 나서야 비로소 시작한 사례가 있음을 언급하고 있다. "성찬 성례전 때에 성찬에 참여하지 못한 사람들을 위한 강론도 있었다. 헨더슨(Henderson)은 바람직한 양심을 가지고 성찬 성례전을 지켜보는 사람들을 축출하는 것에 강력히 반대했다." 결국 어떤 결정도 내리지 못했다.

가장 첨예한 대립은 성찬상 둘레에서 성물을 받을 것인가, 아니면 신도석에 앉은 자리에서 받을 것인가 하는 문제였다. 잉글랜드와 스코틀랜드는 이 문제에 대해 다양한 관습을 갖고 있었다. 그 때까지 잉글랜드의 일반적인 관습은 작은 탁자 위에 성물을 구별하여 놓는 것이었는데, 따라서 보는 사람들이 보고 들을 수 있는 교회 안 어느 곳에나 탁자가 놓여 있었다. 이 관습에 따르면, 목사가 성물을 들어서 신도석에 있는 성찬 참여자들에게 주었다. 동쪽 벽에 성스러운 성찬상을 놓고 사람들을 난간으로 나아오게 하는 아주 오래된 관습은 분란이 있자 거의 재현되지 않았다. 한편, 스코틀랜드의 성찬상은 성찬 참여자뿐만 아니라 성물까지도 고려하여 거행되었다. 성찬상은 교회 크기가 허용하는 만큼 길게 만들어져서 사람들은 양 측면을 따라 앉았다. 스코틀랜드인들은 이런 방식에 의해서만 성례전의 진정한 의미가 보존될 수 있다고 믿었다. 그들은 물질적 임재 교리를 용인하는 것처럼 보일지도 모른다는 두려움 때문에 성찬을 받는 행위 중에는 무릎을 꿇지 않았다. 개혁교회에서 사용된 다른 양식들, 즉 서 있는 것, 지나가는 것, 앉아 있는 것 중에서 스코틀랜드인들은 마지막 앉아 있는 방법을 선호했다. 왜냐하면 이 모습이야말로 그들이 그리스도의 손님이며 주님의 만찬에 초대받았다는 사실을 가장 잘 일깨워 주었기 때문이었다. 그들은 "주님의 만찬은 희생 제사가 아니라 단지 제물의 잔치(epulum ex oblatis), 즉 우리를 위해 십자가 위에서 제공된 그리스도의 몸과 피에 대한 예식이기 때문에" 희생을 의미하는 제단 성찬상을 반대하였다. 하지만 그들은 성찬상을 없애지는 않았다. 왜냐하면 국민 고백(National Confession)에 사용된 용어에 나타나듯이 그들은 성찬 성례전을 단지 일종의 기념으로서가 아니라 "주님의 성찬상에 대한 올바른 사용에 있어서 신자들은 주 예수의 몸을 먹고 피를 마심으로써 주님이 성도들 안에 임재하시고 성도들은 주님 안에 임재하신다."는 의식으로 믿고 있었기 때문이다. 일반적으로 한 집회에서 성찬 성례전의 모든 참여자들을 동시에 수용하는 것은 불가능했기 때문에 그들은 구별된 주일 혹은 같은 예배 시에 계속되는 집회에서 수많은 성찬 참여자들에게 필요할 때는 다른 성찬상들을 병행하여 놓는 것을 허용했다. 갈등을 일으킨 이러한 관습으로 인해 성찬 받는 자세와 장소에 관한 질문이 제기되었다. 자세에 대해서 스코틀랜드는 이미 청교도가 아닌 영국 국교회와 많은 논쟁을 하고 난 뒤였다. 웨스트민스터에서의 다양성 역시 영국 국교회를 넘어서지 못했는데, 즉 스코틀랜드가 앉을 것을 명령하고 있는 반면에 잉글랜드인들은 자리를 떠나도 상관하지 않았다. 많은 사람들은 무릎을 꿇는 것을 주저하지 않았다. 많은 사람들은 서 있는 유럽 대륙의 관행을 선호했을 것이고, 이러한 관행은 훗날 무릎을 꿇거나 혹은 앉아 있는 것 중 하나를 선택하도록 한 사보이 예식서에 수용되었다. 그러나 베일리(Baillie)가 말하고 있는 것처럼 "그들은 비록 올바른 제정은 아니라 할지라도 앉는 것에 만족했고," 헨더슨(Henderson)이 총회에서 설명한 스코틀랜드의 관습을 받아들이게 되었다. "목사가 등장하여 제정사를 읽고 서서 기도하면 사람들은 기도 시에 앉든지 무릎을 꿇든지 상관없다. 그러나 성찬을 받는 행동에 있어서는 반드시 앉아야 했다." 총회의 주도적인 인물이었던 체이렐(Cheyrell)은 하몬드(Hammond)와의 논쟁에서 새로운 예배모범에 대한 자신의 견해를 언급하면서 "성찬을 받을 때 성찬 성례전에 참여하는 모든 사람들이 앉아야만 한다는 예식서의 명령이 도대체 어디에 있는지 나에게 보여 주시오."라고 말했다. 그러자 하몬드(Hammond)는 예배모범이 결코 그렇게 하라고 말하지 않았다고 응답했다.

하지만 장소 문제는 그렇게 쉽게 해결되지 않았다. 베일리(Baillie)는 다음과 같이 말했다. "신도들의 의자를 테이블 앞으로 가져올 필요는 없지만 우리는 테이블이 필수적인 것임을 확신하며 이것을 지지될 것이다." 모든 사람들은 기꺼이 테이블이 필요하다는 의견에 동의했는데, 그것을 인정하는 한 성찬은 테이블에서 받아야만 했다. 하지만 독립교회파는 모든 사람들이 즉시 성만찬을 받아야 한다고 주장했으며, 다른 청교도들은 그 문제에 관하여 개방적인 자세를 취했다. 문제의 초점은 이것 자체에 한정되는 것처럼 보였다. 성찬상 앞에서 성찬을 받는 것과 성찬을 동시에 받는 것이 불가능한 곳에서는 어떤 방법을 지켜야만 하는가? 이에 대한 논쟁이 위원회에서 시작되었고, 특히 하루 동안 진행된 총회의 토론은 뜨거운 열기 속에서 계속되었는데, 베일리(Baillie)와 라이트풋(Lightfoot)은 논쟁이 얼마나 격렬했는지를 소개하고 있다. 헨더슨(Henderson)은 "스코틀랜드 교회에서 파송된 우리는 이 문제에 있어서 모두가 한마음이다. 우리는 결코 그 문제에서 거의 분리될 수 없으며, 오히려 나는 우리가 그 문제에서 분리되는 것이 불가능하다는 것을 덧붙이고 싶다."라고 말했다. 마침내 어쩔 수 없이 그 문제는 조언을 구하기 위해 스코틀랜드 방식을 참고하게 되었다. 그리하여 11월에 가서야 현재의 선택적인 형태, 즉 "성찬상 둘레에 나와 앉거나 혹은 그대로 앉아 있거나"라는 문장으로 통과되었다. 그러나 이렇게 애매한 공표는 스코틀랜드 측을 만족시키지 못했고, 따라서 예배모범에 권위를 부여한 법안에 해설 조항을 삽입하게 되었다. 그 결과 각 나라는 각자의 관습을 고수하게 되었다. 즉 스코틀랜드는 '성찬상에서'(at a table)를 받아들였고, 청교도들은 '성찬상 둘레에'(about it)를 수용하게 되었다. 그 밖의 지역에서 우리는 처음부터는 아니었지만 그 무렵부터 그러한 관습이 재생되었음을 볼 수 있다. 골번(Goulburn)은 「버곤 사제의 삶」이라는 저서에서 "성 메리(St. Mary) 성당의 성단에서 조용한 성찬 성례전을 드릴 때 우리는 오래된 관습에 따라 자리를 떠나지 않았다. 단지 깨끗한 흰 천이 넓은 제단에 둘려져 놓여 있었다. 사제가 성찬 성례전을 집례할 때는 아래로 내려오곤 했다."라고 말하고 있다.

의심할 여지없이 성물을 올려놓고 성찬 참여자들을 수용하는 성찬상을 사용하는 것은 추천할 만한 근거 자료가 많다. 다른 어떠한 기념 양식도 그렇게 훌륭하게 최후 만찬의 상황을 회상할 수 없으며, 다른 예배 행위를 활용하지 않은 교회의 한 순서와 성찬 성례전을 연합시킴으로써 신앙에 도움을 준 사실은 틀림없다. 모든 성찬 예전에서 두 번의 긴 권면을 전하는 후기의 유형을 제외한다면, 매우 중요한 의미를 지닌 옛 관습이 오늘날까지 지속되고 있음에 틀림없다. 웨스트민스터에서 팔머(Palmer)는 "켄터베리에 있던 프랑스 교회에서는 1,200명의 성찬 참여자들이 그것을 수용했으며, 따라서 특별한 형제에게 만족을 줌으로 인해 감사하고 있는 우리는 스코틀랜드 교회에도 만족을 주어야만 한다."라고 말했다. 성찬상의 현재의 위치 또는 의심할 수 없는 전통적인 형식과 캔터베리에 있는 교회 지하실의 성스러운 성찬상의 위치를 본 사람들은 제단 난간으로 나오는 잉글랜드 회중들처럼, 수많은 작은 단위별로 앞으로 나아와서 성물을 받는 데 필요한 시간 동안만 그 곳에 머물게 하지 않는 한 그렇게 많은 사람들에게 성례전을 베풀 수 없었다는 사실을 이해할 수 있을 것이다. 위에서 말한 논쟁자 헨더슨(Henderson)은 초기에 "프랑스 교회가 런던에 있었을 때에는 앉아서 성찬을 받았다."라고 말했다. 헨더슨은 지금은 파괴되었지만 성 마르탱 르 그랑에 있는 그들의 옛 교회에서 본 사도의 수보다 더 적은 수의 사람들을 수용할 수 있던 성찬 테이블을 기억하였다. 스코틀랜드가 이중으로 성찬상을 놓자고 청원하여, 헨더슨(Henderson)이 언급했던 대로 한 장소에서 예배드린 많은 회중을 성찬 예식에서 분리 수용하기는 불가능했을 것이다. 1555년에 그 곳에서 성찬 성례전이 집행되었을 때, 감독이었던 라스꼬(John a Lasco)의 설명을 들으면 그 어려움은 이해가 될 것이다. 테이블의 삼면은 사람으로 채워져 있고, 중앙에는 전도서(Ecclesiastes)가 놓여 있었으며, 교회 구성원들이 예배를 볼 수 있도록 네 번째 면이 개방된 성찬상은, 다빈치의 최후의 만찬 장면을 정확히 재생한 것이었다. 라스꼬(Lasco)는 요한복음 6장이나 다른 성경을 목사 중 한 사람이 읽고 있을 때 새로운 성도에게 자리를 내어주면서, 그들이 어떻게 앉았고, 어떻게 받았으며, 어떻게 일어섰고, 어떻게 떠났는지를 설명하였다.

우리는 라이트풋(Lightfoot)을 통해 목사가 성찬상에 나아오는 것에 대하여 질문이 제기되었음을 알 수 있다. 또한 기록에는 성물을 성별한 후에 "목사가 여전히 성찬상에서 자리를 지키고 있는 것"에 대한 논쟁이 나와 있는데, 지금은 단순히 "성찬상에 있는"으로 되어 있다. 상당수의 극단적인 독립교회파들은 설교단에서 성물을 성별하는 것을 선호했던 것으로 보아, 이러한 문제는 그 쪽에서 유래한 것임을 짐작할 수 있다. 다음은 이 부분에 대한 예배모범의 원래 용어들이다. "목사는 다른 임원들이 참석하면 비로소 예배를 시작해야 한다. '예배에 참석하는'이라는 구절은 너무 모호하다. 그리고 시무장로들이 성례전을 집행할 수 있는지에 대하여 심각한 망설임이 일어났다. 부정적으로 생각되었지만 장로들은 사람들을 자리에 앉히고, 그들의 질서를 돌아보고, 사람들이 성찬을 받았을 때 성찬상의 낮은 가장자리에서부터 목사가 있는 높은 곳으로 성물을 올려 주는 일을 했다. 그래서 이것은 '현재 예배에 참석하는'이라는 용어로 결론지어졌다."라고 라이트풋은 계속 설명하고 있다. 그러나 나중에 어느 단계에 이르러서 그 조항은 삭제되었다. 다음의 용어는 기도가 제정사 전에 있어야 한다는 사실을 의미하지는 않는다. 왜냐하면 말과 기도가 '성화한다'라는 말에 포함된다는 것을 그 단락의 마지막 단어가 보여 주고 있기 때문이다. 이 점은 성물을 성별시키는 힘이 "이것은 나의 몸이다."라는 말 안에 존재한다는 천주교 교리에 대한 반대로 '잉글랜드 천주교 예식'(English Popish Ceremonies)에서 길레스피(Gillespie)가 강력하게 주장한 내용이다. 이 단락은 다음에서 자세하게 다룰 내용에 대한 하나의 요약이다. 용어와 기도는 밀접히 연관되어 있으므로 스코틀랜드 관습에 따라 성찬상 앞에서 행해져야 할 것을 요구하고 있다. '성화하고' '축복하는'이라는 용어는 계승하도록 제안된 '성화', '성별함', '구별함'이라는 용어를 장시간 토론한 후에 채택되었다. 기도는 세 부분으로 이루어져 있는데 첫번째는 성찬 감사, 그 다음은 신앙 고백, 그리고 마지막으로는 기원의 기도로서 초기 예식서에서 특히 두드러지게 나타나고 있다. 독립교회파들은 베일리(Baillie)가 "짧은 두 가지 은총들" 혹은 성물의 이중 성별이라고 표현한 것을 인정받기 위하여 힘써 노력했다. 그것은 나중에 사보이 예식서에 허용되었다. 그들은 최초의 두 복음주의자의 용어를 많이 생각했다. 예배모범이 사도 바울의 "주로부터 받은"이라는 예전 형태를 주장하지 않은 것은 복음서에 있는 제정의 말씀을 읽을 수 있다는 선택권을 허용했다는 것을 의미한다. 이 마지막 용어는 스코틀랜드에서 일반 예식서와 제1 훈련집이 등장한 이후부터 항상 읽혀져 왔으며, 바울 서신에서 보는 것처럼 '그리스도의 행위와 완전한 실행'에 호소하는 것이다.

모든 사람이 성찬을 받은 후 목사가 몇 마디 할 수는 있지만, 예배모범에는 성찬 싱례진을 위한 말씀을 하라는 근거가 없다. 스코틀랜드에서는 이 시간에 목사가 성찬 성례전을 위한 말씀을 하였다. 일반 예식서에는 이 내용을 포함하지 않고 있으며, 1623년의 「다메섹 제단」(Altare Damascenum - 역자 주)에서도 그것을 명령하지 않는다. 헨더슨은 1641년에 그 관례를 설명한 '정치와 직제'에서 목사가 성찬 성례전에 참여한 사람들에게 성별 기도 끝부분에 떡과 포도주를 동시에 주었다는 것을 보여 주고 있다. 그 후에 목사는 성찬 성례전에 참여한 자들에게 권고의 말을 했는데, 이것은 성찬에 참여한 첫번째 사람에게 준 잔이 마지막 사람에게까지 도착하는 시간 동안에만 해야 했다. 권고의 말은 예수 수난의 기록을 읽었던 스코틀랜드의 옛 관습에 대한 대안으로 행해졌다. 1642년의 '루터포드의 청원' 역시 성찬을 받는 시간에 행해지는 어떤 권고도 제한하고 있다. 프랑스 개혁교회는 예배모범과 마찬가지로 "성찬 성례전에 참여한 모든 사람들에게 떡과 포도주가 나누어질 때까지" 권고나 감사를 하지 못하도록 요구하고 있다. 성찬 성례전 거행과는 별도로 성찬 예식을 강화하려는 혁신은 아마 이 때까지 약간의 진전이 있었던 것 같다. 왜냐하면 '그 후'라는 말이 함축하는 것처럼 1645년 법령은 성경 낭독을 금하고, 성체를 받기 전에 회중들에게 짧은 권고를 할 수 있도록 허락했기 때문이다. 헨더슨의 설교와 함께 출간된 이런 종류의 강화는 한결같이 새로운 양식을 갖춘 웨스트민스터 총회 후에 기록되었을 것이다. 성찬 성례전에서 두 번째 강화는 후에 유래한 것이 틀림없다. 스코틀랜드 성찬에 대한 "많은 설교들"에 대한 주석을 살펴볼 때, 혁명 이후 설교는 수가 더해지는 것에 대해 매우 만족해 하고 있는 것 같다. 그러나 그는 그것에 대해 말하지는 않는다. 파도반(Pardovan) 또한 그것에 대하여 침묵을 지키고 있다. 시간이 지남에 따라 평일 예배 설교와 수없이 결합된 수많은 성찬 성례전 강화는 사람들을 성례전 의식에 복종하도록 교육하였으며, 성만찬을 설교로 여기게끔 근본적이고도 직접적으로 대중 연설을 하였다.

성찬 성례전을 집행할 때 사용하는 말들은 물론 처음에는 절대적인 것으로 규정되어 있지 않았으며 그 형식도 지켜지지 않았다. 기록은 "형식을 세울지 또는 그와 같은 말을 해야 할지에 대한 성찬 성례전 언어에 관한" 토론을 언급하고 있다. 최종적으로 한 가지 성경 말씀으로 형태가 결정되었다. 다른 몇 개의 유사한 구절이 다소 허용되었으나 그것은 성경의 병행 구절에 제한되었다. 일반 기도서는 어떤 형식도 규정하지 않고 있었다. 그러나 제1 훈련집을 볼 때 그런 말이 약간 사용된 것은 분명하다.

제1 훈련집에는 "떡과 잔이 무엇을 말하는지를 선포하면서 '떡을 취해서 먹고 마찬가지로 포도주를 마셔라.'라는 명령을 해야 하며, 어떤 거룩한 사람도 이를 의심하지 않을 것이다."라고 기록되어 있다. 「다메섹 제단」(Altare Damascenum)은 그 때 사용된 말이 다음과 같이 "우리 주님, 배반당하시던 그날 밤에 우리가 지금 하고 있듯이 떡을 취하여 축사하시고, 우리가 또한 지금 하는 것처럼 떡을 떼사 그것을 주시고 말씀하시길"이라고 기록하고 있다. 길레스피(Gillespie)는 '잉글랜드 천주교 예식서'에서 같은 형식을 "그의 아들을 우리를 위해 죽게 내어주신 하나님께, 우리를 위해 그의 피를 흘리게 내어주신 하나님께 또한 감사드리면서."라는 변형된 형식을 제안하였다. 헨더슨은 1641년에 사용된 형식을 제의했다. "이것을 취하여 먹으라. 이것은 너희를 위해 찢기신 주님의 몸이다. 이것을 행하여 기념하라. 이 잔은 많은 사람을 위해 흘리신, 죄 사함을 위한 주 예수의 피 안에서 세워진 새 언약이다. 너희는 이것을 마시라. 이 떡을 먹고 이 잔을 마실 때마다 주가 오실 때까지 주님의 죽으심을 보기 때문이다." 사보이 형식도 "할 때마다"라는 종결어를 빼고는 같은 형태이다. 이 모든 형식 가운데 가장 오래된 칼더우드 양식은 현재의 스코틀랜드 관습을 가장 근접하게 보여 주고 있다.

스코틀랜드 교회는 떡을 떼는 시점을 성별 이전에, 혹은 성별과 동시에 하지 않고 성별된 후에 하는 것을 성례 의식 중에서 가장 중요한 부분으로 간주했다. 이에 대해서는 총회에서도 아무런 반대가 없었다. 실제로 사보이 예식서는 온건한 청교도들이 고대의 관습에 따라 더 나아가고자 했고, 적절한 용어를 사용하여 그것을 예식의 분명한 한 순서로 만들고자 했음을 보여 주고 있다. 스코틀랜드 교회가 중요하게 생각한 또 다른 형식은 성찬 성례전의 참여자들이 옆사람에게 손으로 떡과 포도주를 전달하는 형식이었다. 지엽적인 쟁점들을 가지고 약간의 토론을 거친 후 "가장 중대한 의문은 한 참여자가 한 조각의 떡을 들어 자신의 몫을 뗀 뒤에 나머지를 그릇에 다시 놓아야 하는지, 옆 동료에게 주어야 하는지"에 대한 논의였다. 다른 경우에서처럼 이 구절은 그 문제를 유보시켜 둘 정도로 많이 거론되었다. 스코틀랜드 총회는 보충 법령과 예배모범에 권위를 부여하는 법령 모두에서 이 문제를 다루어야 할 것을 매우 분명히 하였다. 성찬 성례전의 성물에 관하여 스코틀랜드에서는 훨씬 후세까지 두 지방의 관습이 보존되고 있었다. 솔웨이(Solway)에 동의하여 그곳 교구에서의 성찬 성례전은 일반 빵이 아니라 그 목적을 위해 따로 준비된 빵으로 기념하였다. 이 관습은 대서양 건너까지 전달되었다. 웨스트민스터 신앙 고백에 대한 저서에서 하지(Hodge)는 '옛 교회 중 많은 교회가 달콤한 케익'을 사용했다고 말하고 있다. 에버덴셔(Aberdeenshire)에서는 혼합된 잔이 오랫동안 유지되었다. 워드로우(Wodrow)는 1731년에 그 이야기를 듣게 되었다. 오늘날까지 그것은 아일랜드의 오랜 몇몇 장로교 집회 중에서 계속 사용되고 있다. 그것의 초기 역사를 알려면, 1634년경 10,000명의 에버도니아인(Aberdonian)들이 어빙(Irvine)에서 울스터(Ulster)에 정착하기 위해 항해했다는 브레리튼(Brereton)의 여행기에 기록된 사실에까지 더듬어 올라갈 수가 있다. 에딘버러에서 신학교 교수 총회가 열리는 동안, 과거에 어두운 죄수 가운데 한 사람으로 수년간 추방되었던 존 샤프(John Sharpe)는 그의 '십자가 신학'에서 누룩을 넣지 않은 떡과 혼합된 잔을 본질적인 것이라고 주장하는 로마의 견해에 반대하여 그것은 별로 중요하지 않은 문제라고 말했다. 기록은 스스로에게 성례를 베푸는 목사에 대한 약간의 토의가 있었고, 그 규정서(rubric)는 모호한 채 남겨져 있음을 보여 주고 있다. 헨더슨의 소논문은 목사가 먼저 참여해야 한다고 말하고 있다. 파도반은 성찬을 받을 기회를 갖지 못할 경우 다른 목사의 손에 있는 성물을 그 옆에 있는 테이블에 주었을 것이라고 말한다. 베일리는 동료들에게10) 보낸 편지에서 예배모범이 이 부분에 대하여 "성만찬 참여 전과 후에 모두 개인 기도를 하라. 내가 알고 있는 모든 목사와 사람들이 그런 것은 아니지만 우리 교회 대부분은 일상적인 관행을 합법적이고 칭찬할 만한 관습으로 받아들인다."라고 적고 있다. 그의 이러한 주장은 성공한 것처럼 보인다. 또한 처음에 예배모범에는 몇몇 시편송, 예를 들어 22편 또는 103편을 테이블을 떠날 때 불러야 한다는 규정이 있었다. 이 관습은 지정된 시편과 함께 '정치와 직제'에 언급되어 있다. 다른 모든 경우에서처럼, 연속적인 성찬을 암시하는 그 구절은 삭제되었다. 그러나 스코틀랜드 총회의 보충 법령에는 다시 삽입되었다.

처음에는 "성찬 성례전 후에 교역자는 설교단으로 가서 교육적 내용을 선포해야 한다."고 규정되어 있었다. 그러나 장소를 바꾼다는 것을 많은 사람이 반대하여 나중에 현재의 짧은 규정서(rubric)로 대체되었다. '정치와 직제'는 다른 안식일처럼 설교단으로 가서 간단히 감사의 말을 한 후, 실제로 감사를 드리고 기도하는 목사를 묘사하고 있다. 일상적인 중보 기도를 감사 기도라는 성례전 기도에 덧붙이는 관습은 스코틀랜드에서 지속되었으며, 예배모범의 성찬 성례전을 보충해 주었다. 그 어디에도 그리스도의 교회 전체를 위해 기도하지는 않았다.

마지막 단락은 영국 국교회의 봉헌을 언급하고 있는 것으로

---

10) 부록 F를 참조하라.

생각된다. 가난한 자를 위한 헌금은 보통 스코틀랜드에서 성찬 예배와 함께 행해졌고 웨스트민스터 총회 이전에는 성찬 성례전 때에 행해졌다. 이 관행은 1649년의 총회에 의해 금지되었다. 이전 총회는 오늘날에도 네덜란드에서 계속되고 있는 관습인 일상적인 주일 예배 중에 헌금하는 것을 이미 금지했었다. 예배모범은 성찬주일 저녁에 드리는 두 번째 예배에 대해서는 어떤 언급도 하지 않는다. 그러나 보충 법령은 그 때에 감사 설교를 요구하고 있다. 이 예배와 토요일 예비 모임은 스코틀랜드 교회에서 합법적 권위를 갖는 보조 예식일 뿐이었다.

이로써 예배모범의 첫 부분이요, 가장 중요한 부분이 끝이 났다. 이 부분이 종결되자 서문이 추가되었고, 이 문제까지 완성됨으로써 예배모범 전체가 의회에 제출되었다. 후반부는 두 달 뒤에 다시 시작되었다.

9. 주일 성수

라이트풋은 5월에 안식일에 대한 직무와 기도에 대한 예배모범이 통과되었다고 기록하였는데, 그것은 아마도 일상적인 주일 예배를 의미하고 있는 것 같다. 8월에 제2 위원회는 안식일을 위한 예배모범을 준비하도록 지시를 받았지만 11월까지 논의되지 않았다. 오랜 토론 끝에 제목을 "주일, 기독교인 안식일의 거룩함에 대하여"로 하기로 동의했다. 마지막 세 단어(The Christian Sabbath)는 나중에 모두 같은 부분이라는 이유로 삭제되었다. 외국 교회에 서신을 보내기 전 1월에 '주일'을 '안식일'로 바꾸어야 한다는 제안에 대한 토론이 이미 진행되었다. 이제 주일에 교육을 실시할 수 있는지에 대해 의문이 제기되었다. 예배모범은 교육을 할 수 있다고 결정했지만 이에 대해 다루지는 않았다. 이렇게 하는 것은 스코틀랜드에서는 일상적인 관습이었다. 세속적 언어와 세속적 사고를 금지한 것은 그 이후에 추가되었다. "안식일에 경축잔치를 해서는 안 된다."라는 말은 현재의 세 번째 단락으로 확대되었다.

10. 결혼 예식

이 내용은 11월에 제기되어 6일간의 토의 끝에 통과되었다. 첫번째 단락에서 많은 반대가 있었다. 군원과 그의 동료들은 결혼 예식에서 목사는 단지 행정장관의 대리자로만 행동하게 함으로써 결혼을 평민들 간의 협약이 되도록 하였다. 스코틀랜드인과 많은 잉글랜드인들은 보다 드센 반대에 부딪쳤고, 그 논의도 매우 명료하지 못했다. 헨더슨은 소논문에서 결혼은 회중 앞에서 권고의 말씀과 함께 "목사의 축복과 교회의 기도로" 진행되어야 한다고 말했다. 또한 "약혼 또는 서약에 관해 이야기를 해야 한다."고 제의했지만 그 제안은 받아들여지지 않았다. 그의 바람은 초대교회 시대나 카트라이트의 규칙서가 명하는 것처럼, 두 가지 의식, 즉 약혼식과 결혼식이 모두 있어야 한다는 것이었다. 결혼 서약 내용에는 일반 기도서가 '결혼 예고 또는 서약의 공표'라고 부른 결혼 선포가 함축되어 있다. 스코틀랜드에서는 결혼할 것을 선포한 두 사람이 40일 이내에 결혼해야 한다는 보증으로, 두 보증인이 얼마의 돈을 교부하도록 요구하는 것이 오랜 관습이었다. 출판된 기록에는 "총회는 금지된 혈족, 인척 관계의 정도에 따라 무언가를 준비해야 한다."는 비망록이 있다. 이 주제는 나중에 신앙 고백 제24 장에서 다루어졌다. "합법적인 부모가 아닐 경우, 그들의 자녀들은 어떻게 구제되어야 하는가? 어린이들이 부모의 동의 없이 결혼한다면 부모들은 어떻게 해야 하는가?" 등에 대한 토론이 있었다. 이 민감한 질문들은 의회의 지혜에 맡기기로 했다.

개인적인 결혼식이 금지되기까지는 다소의 어려움이 있었다. 결혼식이 거행되는 장소를 정하기 위한 법안은 스코틀랜드 총회의 요청에 의해 의회가 마지막에 더 엄격하게 만들었다. 처음에는 "회중의 공공모임 장소, 교회, 예배당"이라 명시하였지만, 당시 지배 세력이 예배 장소로 허용하지 않은 장소를 배제하기 위해 "공중 예배를 위해 당국이 지정한 장소"라는 현재의 형태로 바뀌게 되었다.

원안의 기록에 의하면, 결혼식은 8시에서 12시 사이에 엄숙하게 행해져야 한다는 암시를 주고 있다. 이 역시 반대에 부딪쳤는데, 반대자들 가운데에는 교황주의자들로서 미사를 12시 전에 드린다는 이유 때문에 큰 논쟁을 불러일으킬 수 있다고 생각하는 길레스피가 있었다. 레이(Ley)는 낮 시간을 제한하자고 제안했다. 결혼을 일 년 중 아무 때나 허용한다는 말은 강림절과 사순절 동안 축하를 금지하는 규범을 거부하는 것으로 받아들여질 수 있었다. 주일에 결혼 예식을 올리는 것은 금지되었다. 비록 거룩한 예배 시간과 예배 장소에서 결혼을 해야 한다는 폭넓은 원칙에 의해 평일이 허용되어지기는 했지만, 종교 개혁 때 이미 그것은 양국에서 권면된 바였다. 나중에는 평일이 선호되었다. 주일에 결혼하는 것은 1641년에 글래스고우에서와 1643년에 에딘버러에서 그 자체는 죄가 아니지만 잔치를 준비하면서 쓸데없는 일을 야기시킨다고 하여 금지되었다. 베일리의 '동료에게 보내는 편지'에서는 주일에 스코틀랜드 목사의 일상 의무 중 하나로 결혼식을 포함시키고 있다. 모러(Morer)는 평일의 결혼식이 무관심하게 거행되었다고 말하지만 대체로 예배모범의 현명한 조언을 따르게 되었다.

성경을 인용한 결혼 선언은 구체적으로 언급되지 않았다. 결혼이 에덴동산에서 제정되었다는 것과, 일반 예식서, 일반 예배서와 기도서의 개회사에 나와 있는 것처럼 결혼이 그리스도와 그의 교회 간의 신비한 결합을 보여 주는 것이라는 언급은 청교도들의 구미에 맞지 않는 것이었다. 청교도들은 사보이 예식서를 제외하고는 대체적으로 결혼을 성례로 보는 견해를 호의적으로 보는 것을 두려워하고 있었다. 서약서는 양당사자들이 읽었는데, 정확한 형식은 아마도 헨더슨의 덕분일 것이다. 그는 마샬이 위원회의 보고서를 제출했을 때 "세례를 줄 때 말의 형태가 바뀌지 않아야 하는 것처럼 결혼식을 진행하는 언어에 대해서도 규정된 무엇인가가 있어야 한다."고 제안했다. 스코틀랜드는 일반적으로 그들의 옛 방식을 따르는 데 집착했다. 일반 예식서처럼 서약은 목사가 먼저 읽은 것을 당사자들이 복창했고, 동의의 표시나 말로써 승인을 나타냈다. "더 이상의 의식 없이"라는 구절은 결혼 반지 사용을 언급하고 있다. 스코틀랜드인은 반지를 사용하는 것을 언제나 반대했는데, 그것은 기원이 이교적이며 천주교에서 반지를 사용했다는 이유에서였다. 반지 사용이 그들에게 그렇게 보였던 것처럼 우리에게도 불필요하게 보일지 모른다. 그러나 만일 그들이 결혼을 더 하찮은 것으로 생각했다면 그들은 반지를 반대하지 못했을 것이라는 사실은 말해야 할 것이다. "만약 이 결혼 서약이 시민적인 방법으로 행해진다면 우리는 이 예식을 정죄하지 않는다."(Hunc ritum non damnaremus, si foedera nuptialia civili modo celebrarentur.) 모러는 서약에 뒤이어 기도가 아닌 짧은 열변이 뒤따라 나왔음을 발견했다고 말했다. 이것은 일반 예식서와 일치한다.

11. 환자 심방

처음에는 이 주제에 관하여 독립된 항목을 만들 의도는 없었다. 그러던 것이 장례 예식을 토의하는 중에 이 항목을 별도로 마련하자고 위원회가 뜻을 표현하게 되었는데, 그 안건이 제출되자 12월 11일에 이에 대한 논의가 이루어졌다. 16일에 토론이 더 진행되었지만 그 때의 내용은 본문과 쉽게 연결되지 않았다. 터크니(Tuckney)는 성례전 조항을 덧붙이자고 제안했다. 그날 늦은 시간에 "예배모범의 환자 심방에 관한 내용에 성례 부분을 첨가하려 했으나 기각되었다. 결국 심방에 대한 예배모범에는 성례전에 관한 어떤 것도 첨가되지 않았다." 아마 이것과 여성의 순산 결례 항목을 철회한 이전 회기의 결정은 베일리가 "예배모범을 통과시키면서 취한 현명한 방법으로 자유에 맡긴다."라고 찬양한 실례들이다. 공중 예배를 위한 예배모범에서 다뤄질 것으로 기대된 개인 환자를 위한 공적인 기도는 전혀 언급되지 않았다. 최근에 이르러 스코틀랜드에서는 계속해서 그에 대한 요청이 제기되고 있다.

12. 장례 예식

이 내용은 총회에서 6일 동안 다루어졌다. 장례 예식 문제를 몽땅 폐기하자고 주장한 사람들이 있었다. 많은 청교도들은 "장례에 대한 관심은 목회적인 업무이기보다는 교회의 잔여 업무에 속한다."는 카트라이트의 말을 오랫동안 고수해 왔다. 심지어 청교도들은 목사가 부재한 증거가 레위기 21:1~2에서 발견된다고 제시하였다. 그들은 교회 마당에 매장하는 것과 상복을 입는 것에 대해서도 동의하지 않았으며, "위선적은 아니라고 해도 그것은 미신적이고 비기독교적인 관습이다."라고 말했다. 청교도들은 목사들에게 장례를 담당하는 짐을 부과한 점에 대해 불만을 터뜨렸으며, 일부 총회 사람들도 이러한 불평을 표출했다. 루터포드(Rutherford)는 사람이 세상에 태어날 때와 마찬가지로 세상을 떠나는 때 드리는 예배 행위는 특별한 의미가 없다고 보았다. 그러한 주장에 대하여 휘태커(Whitaker)는 "사람은 탄생 후에 즉시 세례를 통해 거듭나게 되는 것"이라고 응수하였다. 이 논쟁은 매장하기 전에, 매장 도중에, 또 매장한 후에 어떻게 하는가에 대한 문제로 바뀌어 갔다. 매장 전에 대한 내용에는 의견 차이가 없는 것처럼 보인다. 집에서나 장지로 가는 도중에는 어떤 종교적 의식도 해서는 안 된다고 규정하였다. 시신 옆에서 드리는 기도는 라이트풋(Lightfoot)의 제안으로 금지되었다. 장례식에서 시편을 노래하는 것은 1567년 스페인 칙령에 의하여 네덜란드 개혁자들에게는 금지된 것들 중의 하나였다. 윗틀리(Weatley)는 당시에 집에서부터 교회 묘지 문까지 가는 도중에 행해지던 모든 관습들이 지속되었다고 말하고 있다. "모든 미신적인 것들은 피해야 한다."는 프랑스 훈련서의 규정처럼 무덤에서의 예식은 얼핏 보기에 금지된 것처럼 보인다. 그러나 장례식 때에 무슨 말을 해도 된다는 제안은 침묵 속에서 관대하게 통과되었다. 라이트풋(Lightfoot)은 "목사는 어떤 부분은 자신의 재량권에 남겨 두었다. 템플(Temple)은 목사가 하관 시에 '우리가 시신을 매장한다'라는 말을 할 수 없는지를 다시금 제기하였다. 그리고 '더 이상

의식 없이'라는 말이 목사를 구속하지는 못한다고 총회가 밝혔다."고 말하고 있다. 비록 명백하지는 않지만, 이것은 성경 구절 읽는 것을 가능하게 하였다. 우리가 여기에서 말하는 의식이란 말의 형식을 의미하는 것이 아니라 세례식에서 성호를 그리는 행위, 결혼식에서 반지를 사용하는 것과 같이, 장례 용어를 사용하면서 땅에 물을 뿌리는 것과 같은 행위를 말한다. 말은 기도가 아니며, 노래로 불려질 수도 없고, 또한 읽을 필요도 없다. 그러므로 법령의 조항은 준수될 것이다. 그러나 라이트풋(Lightfoot)의 암시가 없다면, 어떤 일반 독자도 그것을 그렇게 해석할 수는 없었을 것이다. 가장 큰 논란은 매장 후에 장례 설교를 하는 것에 대한 문제였다. 이 점에 대하여 스코틀랜드와 잉글랜드 목사들은 서로 노골적인 반대를 드러냈다. 베일리는 다음과 같이 말했다.

"장례식 설교에 대한 우리의 차이점은 타협할 수 없는 것으로 보인다. 여기저기에서 설교를 할 때, 그것은 단지 대가를 받고 부자들의 기분을 맞추기 위해 봉사하는 설교의 남용에 지나지 않았다. 다른 한편으로 장례 설교는 목사들의 생계 수단에 유익한 점이 있으므로 목사들은 장례 설교를 그만두지 않을 것이다."

베일리는 장례식 설교가 목사들의 시간을 과도하게 빼앗을 것으로 예상했고, "그렇지 않으면 목사들이 부자나 귀족들의 장례식에서는 설교를 하고, 가난하고 천대받는 사람이 죽었을 때는 침묵을 지킴으로써 사람들을 차별대우할 것이다."라고 우려했던 제1 훈련서를 인용한 것 같다. 장례식 설교는 제네바 예식을 따르는 일반 예식서에서 수정되어 재가를 받았다. 잉글랜드에서는 카트라이트(Cartwright)가 반대했는데, 그는 다음과 같이 말하였다. "교회를 근거로 살아가는 목사들의 설교 남용은 귀족을 의식한 설교를 하고 때로는 상복을 입기도 한다." 그러나 웨스트민스터 총회 당시에 라이트풋은 자신이 잠깐 자리를 비우는 이유를 재차 설명하면서 그가 장례식 설교를 해야만 했다는 것과 스코틀랜드 목사를 제외하고는 모든 목사들이 핌(John Pym : 1984-1643, 당시의 영국의 지도적인 정치가 - 역자 주)에 대하여 경의를 표하고 장례식에 참석했음을 말한 대목을 볼 수 있다. 라이트풋은 말 그대로 장례식 설교를 허락하는 것이 총회의 정신이라고 말한다. 이러한 오랜 논쟁은 샤롯 공주의 장례식에서 앤드류 톰슨이 장례 설교를 거부하자 스코틀랜드에서 잠시 동안 다시 거론되었다. 맥크리(M'Crie)의 작품 가운데 앤드류 톰슨을 옹호하는 흥미 있는 논문이 발견되었다.

 스코틀랜드에서 장례식 예배를 금지한 것은 보다 명백한 의미 속에서 이해될 수 있다. 1661년에 자연주의자 레이(Ray)는 "단 한마디의 말도 없는 곳, 다만 시신만이 누워 있는 곳"에 사람들은 죽음을 알리는 종을 들고 무덤으로 갔다고 말한다. 한 세대가 지난 후 모러(Morer)는 "목사는 없고, 식물과 꽃들만이 무덤 주위에 산재하였으며 여인들은 뒤를 따랐다."고 말하고 있다. 성직의 가보로서 여러 사제관에 아직도 보존되어 있는 조종(弔鐘)은, 교구 직원이 교구에 죽음을 알리기 위한 순회를 할 때, 그리고 다시금 장례식에 모든 사람들을 불러 모을 때 사용하였다. 조객들에게 제공되는 매우 자유로운 접대가 식전의 기도 형태로 종교적 예식에 소개된 것은 웨스트민스터 총회 이후 한 세기 반이나 지난 뒤였다. 비록 무덤에서의 예식이나 교회에서의 예식이 적어도 예배모범과 일치하지는 않는다 할지라도, 결국 이것은 스코틀랜드 장례식을 조롱거리로 만들어왔던 무절제를 그치게 하였다.

　　동시에 이것은 두 왕국의 미신적 관습을 명확히 밝히려는 의도가 있었다. 그러나 미신적인 관습들이 너무 많이 발견되었기 때문에 이것은 일반적인 조항에서는 제외되었다. 밤샘 또는 죽은 이를 지키는 것 등을 금지하기 위한 노력이 오랫동안 계속되었지만 실패하였다. 1712년에 비기독교 어린이의 장례식에서 행한 관습이 앤더슨의 '독백' 제4 부에 열거되어 있다. 시신을 뒤따르도록 하는 사람도 거의 없었고, 장지에서 조종을 울리지도 않았으며, 사망 통고도 없었다. 그리고 교회 담장 옆이나 누구라도 그냥 지나칠 수 없는 교회 마당에 매장하였다. 최근에 자살자와 비세례자를 교회의 북쪽에 매장하는 것은 당시 하나의 규정이었다. 오늘날까지 죽은 사람이 많지 않은 대부분의 시골 묘지에는 묘지의 북쪽 부분은 사용하지 않은 채로 남아 있다. 이런 현상은 악한 세력이 교회 북쪽 편에 남아 있다고 생각하는 당시의 미신적인 관습이 무의식적으로 고착된 것에서 발생한 현상이다.

13. 공적인 금식

　　12월 13일에 논의된 이 내용에 대하여 라이트풋은 "논쟁할 주제에 대하여 아주 오랫동안, 그리고 충분하게 논의했다."고 서술하고 있다. 기록에 의하면, 금식하는 시간은 '자연일'(해가 뜨는 때부터 질 때까지 - 역자 주) 또는 라이트풋에 의하면, '24시간 하루'를 지속하는 것으로 되어 있었다. 두 번째 문장 첫째 괄호 내용에 관련하여 금식과 식사법, 그리고 개인적인 금식에서 가족을 만나는 자유에 대한 토론이 있었는데 여기에 몇 가지 설명이 있다. 금식하는 날수가 정해진 경우에 성찬 성례전은 언급되지 않았다. 그리고 보통 때 읽는 말씀이 아닌 특별한 성경 말씀을 선택했다. 이것은 일반 예식서, 헨더슨의 소논문, 루터포드의 청원에서 진술된 것으로 스코틀랜드 관습과 일치한다. 참회의 시편송과 공중 기도는 일상적인 예배에서 보다 더 확실한 위치를 차지했다. 워드로우(Wodrow)는 서신서에서 아일랜드 장로교들 가운데서 나타난 관습을 언급하면서, 스코틀랜드에서는 "금식일에 관한 일반적인 관습을 바꾸고, 성경 본문을 설교하는 대신에 열변을 토하고, 그리고 기도하는 데 나머지 시간을 소비하는 것"에 익숙하다고 보았는데, 그에 반하여 아일랜드에서는 분명하고도 보다 엄격하게 예배모범을 따르고 있었다고 말하고 있다. 아마 성례 금식일 아침에 오랜 시간 기도를 드리기 위하여 설교를 다른 사람에게 맡기는 교구 목사의 관례와 예배모범의 규정 사이에는 어떠한 연결점이 있을 것으로 보인다. 또 다른 특징, 즉 언약 시내의 특징은 목사와 백성이 주님과 엄숙한 언약 관계로 들어가는 것이다. 당국이 금식일을 지정해야 한다는 논의가 있었다. 이것은 다음 세기에 스코틀랜드에서 재연되었다. 이 점에 대하여 워드로우는 루터포드와 제임스 거쓰리를 제외하고는 어떠한 권한도 갖고 있지 않으므로 금식일을 결정하기 위한 시행정관의 권리가 의문시되었다고 말하고 있다. 총회 내용을 기록한 의사록에는 그 주제에 관한 루터포드의 어떠한 의견도 존재하지 않는다.

14. 감사 주일

이 내용은 예배모범의 다른 부분보다 신속히 통과되었다. 결혼식, 장례식, 그리고 순산 결례 예식 등을 제외시키는 문제를 생각해 보자는 의견이 제시된 8월에 이 문제가 제기되었다. 그러나 그것은 시작되자마자 곧 끝나버렸다. 처음에는 "감사 주일을 구별하도록 적절히 경고해야 한다."라고 시작하였다. 그러나 그런 날을 구별하는 권리가 회중에게 주어진 것 같다는 모호한 이유 때문에 라이트풋의 동의로 개정되었다. 공적인 감사가 온종일 지속되어야 하는지에 대한 문제는 루터포드의 중재에 대한 논쟁이었다. 공중 예배에 대한 예배모범의 한계를 벗어나기 때문에, 어떤 사람들은 사적인 준비를 언급하는 것을 반대했다. 반면에 예배 순서가 지나치게 엄격히 강요되는 것을 반대한 사람도 있었다. 삽입되지는 않았지만 행정장관이 경축일에 대한 적절한 정보를 주는 것에 대한 논쟁도 있었다.

15. 시편 찬송

헨더슨의 요구에 따라 위원회는 스코틀랜드 교회 위원들과 루스와 이 문제를 의논하기 위해 10월 2일에 모임을 가졌는데 이 모임에 참여한 사람들은 테일러(Messrs Taylor), 터크니(Tuckney), 윌슨(Wilson), 콜만(Coleman), 헐(Herle), 레이놀드(Reynolds), 라이트풋(Lightfoot), 기본(Guibon) 등이었다. 예배모범 앞부분이 의회에 제출되기 전에 최종 개정 작업이 이루어질 때까지는 아무 것도 이루어진 것이 없어 보였다. 라이트풋은 그때 시편송에 대한 제목은 없었다고 말했다. 여러 번 제정한 뒤에 그가 그것을 삽입했다고 한다. 이 문제가 공개 질의로 남겨지기를 바란 사람도 있었을 것이다. "공식적인 성경이 아닌 운율에 맞춘 의역의 시편송은 불법이다."라고 생각한 사람도 있었다.

총회에서 나이(Nye)는 시편서와 관계된 반대를 많이 발언하였고, 의역해서 찬양하는 것을 반대하는 말도 하였다. 규정된 형식을 싫어하는 보다 극단적인 내용은 예언을 노래하는 것이었는데, "조용한 집회 한가운데서 자신의 은사로 작곡한 찬양으로 독창하는" 것이었다. 그런 환상적인 견해와는 달리, 그 당시의 찬송에 대한 보편적인 감정은 소위 제1 훈련서가 말하고 있는 "찬양은 유익하지만, 필수적인 예배 행위는 아니다."라고 한 그것이었다. 마침내 이 내용이 제출되자 기록상 남아 있는 유일한 반대자는 헨더슨이었다. 그는 시편을 한 줄 한 줄 읽는 것에 반대했다. 그럼에도 불구하고 그 조항은 남겨졌다. 시장과 의회, 총회 집정관들이 베푼 대연회에서 폐회 때 의장이 시편을 한 줄 읽었다. 스코틀랜드 교회는 프랑스 개혁교회처럼 이 관습을 싫어했다. 프랑스 개혁교회는 제10 차 회의에서 "시편을 찬양할 때 먼저 각 구절을 읽게 하는 교회는 그런 어리석은 관습을 그만두도록 권고받아야 하며, 그에 익숙한 사람들은 비난받을 것이다."라고 명문화했다.

　웨스트민스터 총회 후 여기에서 말한 '번갈아가며 시편을 읽고, 노래하는 것'이 스코틀랜드에서 채택되었다. 당시에 이런 인위적인 찬양 형식이 사랑을 받게 되자, 사람들은 그것이 얼마나 근대적이고 예비적인 것인지를 잊고 말았다. 1746년 총회는 그것을 개인적인 예배에서는 중단해야 한다고 권고하였다. 집회에서 계속 찬양하는 자연스런 체계가 회복되었을 때 많은 분노의 감정이 일어났는데, 그것은 스코틀랜드 분열의 주요 원인들 중 하나였다. 매튜 헨리가 시편 100편으로 언제나 아침 예배를 시작하고, 117편으로 마쳤으며, 오후 예배를 134편이나 136편으로 마침으로써, 찬양 없이도 해나갈 수 있으리라 생각했을 것이다.

　총회의 의도는 새로운 개정판이 양국에서 스턴홀드(Sternhold)

와 홉킨스(Hopkins) 판을 대신해야 한다는 주장이었다. 의회와 총회의 멤버였던 프란시스 루스(Francis Rous) 판이 채택된 것은 이미 알려진 사실이다. 그것은 목사들이 소집되기 몇 달 전에 하원의 요구로 일반적으로 사용할 목적을 가지고 출판되었다. 그들은 이 일을 시작한 후, "그 책이 더 많이 보급될 때까지 성 총회는 루스(Rous)가 발간한 시편송을 대중이 부르는 것을 허용하였고, 노래하기 전에 가사를 읽는 것이 교회에 유용하고 유익한지의 여부를 조언해 주기를 바란다."는 심도 있는 주문을 받았다. 비록 총회의 많은 회원들이 그 책의 장점 때문은 물론 특정 당사자들의 물질적 이익을 더하기 위해 고무된 것을 알았지만, 총회는 그 면을 묵인하였다. 베일리(Baillie)는 다음과 같이 말하고 있다.

> 그 책이 발견되는 모든 곳에서 저자가 그 책을 검증하고 도움을 줄 수 있도록 동료들은 총회에서 압력을 받았다. 그리고 의회는 그 책을 공적으로 사용하도록 명령받았다. 그들이 고려한 사항들 중 하나는 그 책으로 인해 동료들이 얻게 될 엄청난 개인적인 유익이었다. 많은 이들이 그 제안에 반대하였다. 가장 큰 이유는 그들이 생각한 만큼 그 책이 그렇게 잘 만들어지지 않기 때문이었다. …… 지금껏 내가 본 다른 어떤 것보다 가장 좋아하는 로왈렌의 시편송(Rowallen's Psalter)을 지금 내가 가지고 있다면 얼마나 좋을까.

곧이어 의회가 많은 권한을 부여한 수장으로 성숙한 연령인 65세에 이른 이튼(Eton)을 지명하자, 루스는 더욱 독자적인 입장을 취하게 되었다. 루스 판은 많은 수정이 요구되어, 많은 사람이 수정 작업을 위해 고용되었으며 스코틀랜드로부터 제안을 받기도 하였다. 그의 경쟁자는 윌리엄 바튼(William Barton)이었다. 바튼 판은 동료 목사들에게 인기가 있었다. 그러나 그 분야를 장악한 사람은 루스였으며, 1647년 2월 런던에서 고향 사람들은 루스를 총회 위원으로 추천하였다. 고향 사람들은 다음과 같이 말했다.

"많은 검증인의 손을 거친 결과 루스 판은 운문으로 의역한 어떤 시편송보다 훨씬 원본에 가까울 뿐만 아니라 그런 종류의 다른 작품들보다도 한층 원본에 근접하다는 것을 알게 될 것이다. 그것은 시적 자유와 달콤하고 즐거운 분위기를 좋아하는 사람들에게 필요한 것들을 충분히 제공해 줄 것이다."

그것은 잉글랜드에서처럼 스코틀랜드에서도 거의 3년에 걸친 수정 작업을 통과한 후 1650년 5월이 되어서야 권위를 인정받게 되었다. 베일리는 그것을 수용할 때 뒤따르는 현상에 대한 두려움을 느꼈다. 왜냐하면 왕이 서거한 뒤 루스가 독립교회파에 공개적으로 가담했기 때문이다. 그것도 아주 열정적이어서 그는 나중에 베어본(Barebones) 의회의 의장이 되었고 그 후 크롬웰파의 당원이 되었다. 그러나 그 때까지는 루스에게 공개적으로 반대하는 사건은 없었다. 따라서 루스 판을 전면적으로 수정 작업한 흔적은 희미하였다. 다음은 1643년 세상에 내놓은 시편송 1편에 대한 그의 번역이다.

복 있는 사람이여
그는 사악한 꾀를 좇지 아니하며
죄인들의 길에 서지 아니하며
오만한 자들의 자리에 앉지 아니하나니

그는 오히려 온전하신 하나님의 율법을
크게 즐거워하며
기쁨 속에서 그 율법을
밤낮으로 묵상하는도다.
그는 시냇가에 심겨진 나무 같아서
때를 놓치지 않고 열매를 맺으며
그 잎사귀는 시들지 아니하니
그 행하는 모든 일이 형통하는도다.
그러나 불신자는 그렇지 아니하나니
바람에 흩날리는 먼지 같도다.
그러므로 사악한 자들은 심판을 견디지 못하고
죄인은 의인의 회중에 들지 못하리로다.
주께서 의인의 길은 살펴 주시나
사악한 자들의 길은 망하리로다.

총회는 이와 같은 성경을 가사로 한 다른 노래를 하도록 지시하였고, 동시에 루스 판이 최종 수정을 받게 함으로써 총회의 의도를 이루기 위한 첫걸음을 내딛었다. 그러나 크롬웰이 침입하여 총회를 억압하자 이러한 모든 활동은 중지되었다. 총회의 목적은 영국 혁명 후에도 관심이 사라진 것은 아니었으나, 1745년의 의역 판이 나올 때에야 비로소 완성되었다. 1782년에 이르러 현재 사용하고 있는 수정 완결판이 완성되었다.

예배모범은 노래로 부를 수 있는 시편송의 수를 규정하지는 않았지만, 일반 예배 지침서에 2편의 시편송이 우연히 실려 있는 것으로 보아 찬양을 최대한 많이 한 것이 아니라 최소한 조금 하도록 줄였음을 알 수 있다.

16. 부록 : 공중 예배를 드리는 일시와 장소

11월 어느 날 일정이 뒤죽박죽된 총회는 무엇을 해야 할지 모르는 뜻밖의 상황에서 이 부록을 작성한 것으로 보인다. 첫째, 그들은 "안식일에 대한 예배 지침에 성령 강림 축일과 유아 세례자들에게 흰 띠를 두르며 축하하는 축하 행사나 꽃을 두르는 화관 장식, 교회 헌당 기념식으로 불리는 전야의 축하 행사와 경축일을 세속적이고 미신적인 것으로 반대한다는 어떤 입장을 표현해야 한다."고 규정하였다. 그들은 성일 자체(holy days)에 반대를 표명했다. 그러나 하인들을 구제하는 날은 유지해야 한다고 주장했다. 모든 문제를 공개한 그들은 "성일(holy days)과 성소(holy places)에 대해 문제점을 고려함"에 동의했으며, 그에 대한 결과로 본 부록이 12월 10일에 나오게 되었다. 그 가운데 안식일에 대한 약간의 논쟁이 있었다. 그 해에 성일에 대한 목사들의 관심이 다소 바뀌었다. 1643년 12월 22일에 그들은 성탄절 예배의 타당성에 대해 견해를 제시할 것을 거부함으로써 28일까지 휴회하였다. 런던 출신 목사들은 예외 없이 성탄절의 미신적인 행위를 비난하기로 결의하면서도 성탄절 예배를 드리고 있었다. 그 해 총회는 다음 금식일 준수에 대한 규정을 의회에 조회하였다. "왜냐하면 그날은 성탄절이어서 사람들이 금식을 소홀히 할 수 있는 가능성이 있기 때문이었다." 이것은 스코틀랜드가 확고한 견해를 가지고 있었던 문제였다. 이 부분에 대한 그들의 역사적 입장은 1638년 제17 회기 총회 법령에 잘 서술되어 있다. 1645년 총회는 성탄절 준수를 반대하는 매우 엄중한 법령에 따라 예배모범 부록을 이 부분까지 확정지었다. 왕정 복고 시대와 영국 혁명 사이에 성일은 거의 중요시되지 않았다. 앤 여왕 정부의 법령 중에서 그 어떤 것도 스코틀랜드 최고 민사 법원에서 성탄절 휴가나 또는 성탄절 휴식을 금지하는 법을 철회한 것보다 더 인기 없는 법령은 없었다.

그 마지막 부분은 이렇게 되어 있다. "복음 아래에서 장소 자체가 거룩한 곳은 더 이상 없다. 즉 어떤 장소도 다른 장소보다 더 거룩하지는 않다." 이에 대하여 약간의 반대와 상당한 논쟁이 있었다. 위의 구절을 지지하는 입장에 있었던 것으로 보이는 길레스피와 루터포드는 헐(Herle)의 그러한 견해에 반대하여 "현재 거룩한 장소가 존재하지 않는다는 견해는 절대적으로 진리가 아니다. 때때로, 그리고 상대적으로 우리 예배당은 거룩한 곳이기 때문이다."라고 말했다. 이 구절의 마지막은 지금의 모습으로 바뀌었다. 미신에 의해 오염된 적이 있는 교회가 하나님께 예배드리는 데 부적절하다는 이 부분의 마지막에 언급된 극단적인 견해는 그 당시에는 이상한 것이 아니었다. 후커(Hooker)는 그에 대하여 좀더 긴 논쟁이 필요하다고 생각하였다. 독립교회파에게는 외람된 표현이지만 이 곳에서도, 또 예배모범 어느 곳에도 없는 '교회'라는 용어를 하나님의 집에 적용한 것은 눈여겨볼 만한 일이다.

부 록

부록 A : 의회 법령(1643년 6월)

학문과 경건을 겸비한 목사들과 그 밖의 다른 사람을 소집하여 의회에서 협의함으로써 영국 교회 정치와 예전을 확정짓게 하고, 거짓 중상과 잘못된 해석으로부터 교회 교리를 옹호하며 명확하게 하는 데 이 부록의 목적을 둔다(1643. 6. 12에 통과됨).

전능하신 하나님께서 우리나라에 내려 주신 무한한 은총 가운데 종교의 순수성보다 더 소중한 것은 없을 것이다. 그럼에도 불구하고 예식서, 교육 지침서, 교회 정치 등의 분야에는 지금껏 우리가 성취한 것보다 더욱 전면적인 개혁이 요구되는 수많은 과제들이 산적해 있다.

한편, 계급 제도에 의거하여 대주교, 주교, 대법관, 주교 대리, 주임 사제와 참사회, 부주교, 그 밖의 다른 교회 공직자들로 구성된 현재의 교회 정치 체제는 악한 것일 뿐만 아니라 국가에게 공격적인 부담스런 짐이고, 개혁과 교회 성장에 있어 커다란 장애 요소이며, 이 나라 정치와 국가에 대해서는 심한 편견을 갖고 있다는 것이 의회에 모인 상원과 하원에 의하여 결의되고 선포되었다. 그리하여 그러한 기구는 마땅히 폐지되어야 한다고 결정하였다.

　더 나아가 하나님의 거룩한 말씀에 가장 잘 부합되도록, 국내적으로는 교회의 평화를 도모하고 유지하는 데 가장 적합하도록, 그리고 외적으로는 스코틀랜드 교회와 해외의 다른 개혁교회들과는 더욱 잘 연합할 수 있도록 그러한 정치 체제를 교회 안에 정착시키기로 결의하였다. 의회는 이러한 과업을 보다 더 효과적으로 수행하고, 모든 거짓 비방과 중상으로부터 영국 국교회의 교리를 변호하고 명확하게 하기 위해서 학문과 경건을 겸비한 현명한 목사들을 총회에 소집하는 것이 필요하며 마땅한 일이라고 생각했다.

　목사들은 의회의 몇몇 의원들과 더불어 양원, 즉 상원이나 하원에서 내놓은 안건과 앞으로 야기될 여러 가지 문제와 전제에 관하여 협의하게 될 것이고, 양원 모두 또는 상원이나 하원 중 어느 한편이 요구할 경우에 가능한 한 자주 그들에게 필요한 조언을 할 수 있을 것이다. 그리하여 소집된 의회에 모인 상.하원은 앞으로 현재의 법령에 이름이 거론된 모든 사람 개개인을 총회 위원으로 임명하였다(여기에 회원 명단이 삽입되었다.). 의회의 양원이 공천하여 임명한 그 밖의 다른 사람들과, 또는 질병이나 기타 불가항력적인 장애로 인해 방해받은 경우를 제외한 사람들은 양원의 직원이 서명한 소집 명령에 따라 각자의 거주지를 떠나 웨스트민스터에 있는 헨리 7세 채플에서 주후 1643년 6월 1일에 모임을 갖도록 명령을 받았다. 첫번째 집회는 최소한 40명 이상이 모여야 개회될 것이며, 장소를 다른 곳으로 옮길 수도 있다. 또한 총회는 소집하거나 해산할 때 의회 양원의 감독을 받게 될 것이며, 총회에 모인 앞에 언급된 구성원들은 힘과 권위를 부여받아 총회에 함께 참가할 것이다.

이와 같이 의회는 현 회기가 계속되는 동안 또는 상.하원이 채택한 명령을 추진하기까지, 그들에게 잉글랜드 교회의 정치, 예식서, 규율에 관한 업무와 모든 거짓 중상과 거짓 해석으로부터 교리를 옹호하고 명확하게 하는 일과, 의회 양원 또는 상원이나 하원 한편이 제안한 의제를 협의하고 조정하라고 명령하였다. 그들의 의견과 조언 또는 앞서 말한 문제들은 하나님 말씀에 가장 잘 부합되게 하기 위하여, 양원 또는 상원이나 하원에 전달하기 위하여, 때로는 의회가 요구하는 것과 같은 방법으로 전달되도록 하기 위하여, 양원 또는 상원이나 하원의 동의 없이는 글이나 인쇄물을 통하여 누설하지 말도록 명령을 받았다.

더 나아가 앞서 말한 당국은 신학박사 윌리엄 트위시(William Twisse)를 의장으로 지명하여 총회를 진행하도록 할 것이다. 만약 트위시가 죽거나 병에 걸리거나 또는 다른 불가피한 장애가 있을 경우에 양원의 동의를 얻는 다른 사람이 그 자리에 임명될 것이다. 제안된 문제를 다루는 데 있어서 소집된 사람들 가운데 서로 다른 의견이 생기면, 그 문제는 양원 또는 상원이나 하원 한편에 이유서를 첨부하여 함께 제출되어야 하며, 그러한 문제는 반드시 이렇게 처리하여야 한다.

만약 앞에서 언급한 권위에 의해 위원으로 임명되어 총회에 참석한 모든 사람들과 목사들의 경비와 비용은, 회의에 참석한 기간에다 10일 전.후의 날짜를 합산하여 매일 4실링씩, 의회의 양원에서 정해 놓은 시기와 방법을 따라 공화국 예산으로 지불하도록 한다. 더 나아가 앞서 언급한 대로 소집을 통고받은 모든 목사들은 회의에 참가함으로 인해 발생하는 비거주와 부재에 따른 모든 불이익, 즉 교회나 교구의 문제와 범죄나 몰수, 벌금, 손실, 또는 손해를 받지 않을 것이며 이에 대한 면책을 받게 될 것이다. 이러한 면책은 그들 개개인의 사역이나 책임을 묻기 위하여 출석을 명령하는 그 어떤 비거주 법규나 규정, 또는 그외 다른 법규와 규정으로부터도 마찬가지이다.

만약 위원으로 임명된 사람이 총회 전에 사망하면 양원의 결정을 통해서 그의 임명은 해지되며 양원에 의해 적절하다고 생각되어 천거된 다른 사람이 사망한 사람을 대신하여 임명되고 그 자리를 대신하도록 한다. 새로 임명된 모든 사람은 전임자와 똑같이 사실상의 힘과 권위와 자유와 면책권을 갖게 되며, 앞에서 언급한 것과 같이 이 법령이 정한 대로 회의 기간 동안에 똑같은 봉급 및 수당을 받게 된다. 만약 여기에 포함된 이 규정이나 다른 어떤 것이 앞서 말한 사람들 또는 그들 중 어느 한 사람에게 적용되지 않는다면, 그들은 본 총회에서 여기에 특별히 언급된 것 이외에 어떤 사법권이나 힘 또는 어떤 교회적 권위니 다른 힘을 행사한다고 생각할 수 없다.

부록 B : 에딘버러 총회 법령(1645년 2월 3일, 제10 회기)

예배모범에 따라 공중 예배를 드릴 것을 확정하고, 굳게 세우기 위한 스코틀랜드 교회 총회의 법령

한 통치권 아래 연합된 세 분할 왕국 안에 있는 그리스도의 스코틀랜드 교회 안에 종교가 즐겁게 일치되고 연합하기를 경건하고 영향력 있는 사람들은 오랫동안 간절히 염원해 왔다. 이를 위해 주요한 협정서가 제출되었는데 이 협정서 없이는 우리의 동

맹이나 방어벽은 안전하지도 않고, 잘 다져지지도 않을 뿐더러 평화가 지속되기를 기대할 수 없을 것이다. 마침내 협정서는 세 분할 왕국의 엄숙한 동맹과 계약으로 활성화되어 더 큰 힘을 얻고 성숙해져서 세 왕국은 교회 정치, 예배모범, 신앙 고백, 교리문답 형태를 한 가지 형태로 최대한 단일화시키기 위하여 힘써 노력해야 할 입장에 서 있다.

또한 이전은 물론 계약에 가입한 이후에 많은 탄원과 간청이 있어서 국왕 폐하께 위원들을 보냈는데, 그 내용은 잉글랜드 상원의 선언문, 성 총회에 참석한 목사들에게 보낸 서한 문제, 영국의 스코틀랜드 교회 사역에 대한 문제 등이다. 우리가 바라는 바대로 스코틀랜드 교회가 위원들을 보내는 목적은 영국 의회 양원과 웨스트민스터에서 열리는 목사들의 총회가 지명한 위원회가 앞서 언급한 네 가지 사항을 단일화시키는 임무를 수행하기 위해서이다.

이 외에도 양심에 비추어 다양하고 중대한 위험을 감수하려는 주된 동기는, 결과의 관점에서 보면 비록 왕국을 약화시키고 침입하는 적군에게 유익을 제공한다 할지라도, 현재 잉글랜드에서 발생한 비이성적이고도 유혈적인 전쟁이 불길처럼 타오르는 것을 그치게 하기 위함이다. 이 일은 우리에게 매우 소중하며, 이로 인해 우리의 기쁨은 더 커질 것이다. 이제 이 거대한 과업이 많이 진전됨에 따라 승인을 받기 위해 소집되고 파송된 양국의 목사들과 함께 협의한 후에, 세 왕국의 공중 예배를 위한 예배모범은 영국 의회의 양원이 동의하고, 스코틀랜드 교회와 왕국이 동의함으로써 왕의 동의와 인준을 받기 위해 두 왕국의 이름으로 왕에게 제출될 것이다. 수차례의 공적인 단독 면담 후에, 위원회가 사적, 공적으로 심사숙고하고 나서 예배모범에 반대하는 모든 사람들에게 충분한 자유를 부여한 뒤 또한 주저하는 모든 사람을 조심스럽게 초대하여 그들이 만족할 만큼 잘 설명해 주고 나서, 총회는 예배모범을 가장 진지하게 고려하고 수정하고 검토하였다. 총회는 반대의 목소리 없이 만장일치로 서문과 함께 모든 항목들에 대하여 예배모범을 따를 것에 동의하고 승인하였다. 예배모범에 대한 분명한 취지와 의미와 서문의 목적에 따라 관심 있는 이 왕국 내의 모든 목사들과 그 밖의 사람들이 주의 깊고 통일성 있게 준수하고 실천하도록 요구하고 규정하였다.

또한 예배모범의 시기적절한 출판을 위하여 특별한 관심을 가져야 할 총회 위원들이 몇몇 장로교회에게 보낸 발표문을 근거로 하여 예배모범은 실행되어야 하며, 출판된 예배모범의 사본은 왕국 내의 모든 스코틀랜드 교회에서 사용하기 위해 제공되고 보존될 것이다. 또한 각 장로교회는 지교회에서 사용하기 위하여 출판된 사본을 갖게 되며, 교구에 속한 회중들이 예배모범을 잘 준수하는지, 아니면 소홀히 하는지를 특별히 예의 주시하고, 필요할 때에는 동시에 지방회나 총회에 알려야 한다.

성찬 성례전 집례에 관한 예배모범의 조항에 "성찬에 참여하는 사람은 테이블 둘레에 앉든지 또는 테이블 앞에 앉는다."라고 언급된 부분은, "앞으로 나오지 않아도 되고 또는 성찬상 앞에서 받아도 된다."라는 식으로 아무렇게나 해석해서는 안 된다. 또한 목사가 성찬 참여자들에게 성물을 나눠 주어야 하며 성찬 참여자들 스스로가 성물을 옆 사람에게 전달할 수는 없다는 의미로 해석되어서도 안 된다. 훈련서나 총회의 법령에는 정해져 있으나 예배모범에서 규정되지 않은 몇 가지 사항에 대해 교회가 명령하고 실천할 때는 그 어떤 편견도 가져서는 안 된다.

마지막으로, 한때는 예배 형식에 매우 큰 차이가 있었지만,

이제는 하나님의 은혜로 어떤 개혁교회들보다 더 가까운 일치를 가져온 왕국들이 이와 같은 행복한 시기에 종교의 일치를 이루게 됨에 대하여 총회는 커다란 기쁨과 감사로 하나님이 주신 충만한 은총과 측량할 수 없는 자비를 고백하는 바이다. 이는 우리 기도의 응답이요, 우리 눈의 빛이며, 많은 슬픔과 고통 가운데 있는 우리 마음을 회복시켜 주었다. 뿐만 아니라 사악한 말을 하고 나쁜 영향을 끼치는 사람을 그치게 함으로써 하나님의 백성들이 책망받지 않도록 해주었다.

하나님은 우리에게 악한 생각이 아닌 평화를 갖게 하심으로 소망의 문을 열어 주셨다. 우리는 그 소망과 확신 속에서 즐거워하고 있다. 주님께서 이단과 분파, 방해와 신성 모독에서부터, 또한 건전한 교리와 경건한 능력에 반대되는 온갖 것에서 우리 왕국들을 보호해 주시기를 기도한다. 하나님의 순결하고 정결한 규례가 커져가는 능력과 생명력으로 하나님의 위대한 이름께 영광을 돌리며, 그의 아들의 나라가 확장되도록, 또 왕국간의 사랑과 평화가 증대되며 그의 백성이 하나되어 평안하도록, 그리고 사랑 안에서 서로 든든히 서는 모습이 지금과 오고오는 세대에도 계속되기를 간절히 기도한다.

에딘버러 총회 법령(1645년 2월 7일, 제14 회기)

스코틀랜드 교회가 공중 예배에 대한 몇 가지 사항에 관하여 예배모범을 준수하고 실천하기 위해 더 큰 일치를 이루기 위한 위원회의 의견.

I. 본 내용은 예배모범이 언급하는 주일(主日)에 성경을 읽고 해석하는 규정에 대한 위원회의 소박한 의견이다. 보통 예배

가 시작되기 30분 전에 목사와 회중은 예배당에 들어가야 한다. 말씀을 읽고 해석하는 것, 그리고 일상적으로 말씀을 선포하는 것은 공중 예배가 공식적으로 폐회될 때 완성되고 끝난다.

Ⅱ. 세례 성례전에서 성례식은 회중 앞에서 집례되며 성례식에서 하는 모든 말과 행동은 회중 전체가 듣고 볼 수 있도록 해야 하며, 집례 시간은 설교 끝난 후, 즉 축도 전에 거행하는 것이 적절하다.

Ⅲ. 다음은 성찬 성례전에 대한 위원회의 결정이다.

1. 성찬 성례전이 집례되기 전에 회중들은 스코틀랜드 교회의 전통에 따라 성찬을 받기에 합당한지의 여부를 검증받아야 한다.
2. 성찬을 받을 때 성경 봉독은 하지 않으며, 목사는 다만 성찬상 앞에서 짧은 권고의 말씀을 할 수 있다. 성찬 성례전에 참여한 사람들의 현재 상황에 맞는 몇 마디 짧은 말씀 외에는 성찬을 받는 동안 침묵한다. 그러한 침묵 속에서 명상을 통하여 회중은 은혜와 생기를 얻게 될 것이다.
3. 성찬 성례전에 참여하는 사람에게 성물은 골고루 분배되어야 하며, 그렇게 하기 위해 빵은 참여자 모두가 나눌 수 있을 만큼의 양을 미리 준비하도록 한다. 목사가 빵을 떼어 가장 가까운 사람에게 전달해 주도록 한다.
4. 성찬이 분배되고 다시 채워지는 동안 관습에 따라 계속 시편송을 부른다.
5. 성찬상 앞으로 가기 전에, 또는 성찬상에서 되돌아올 때 성찬 참여자들은 반드시 본인이 직접 공개적으로 참여하여 성찬을 받아야 한다.
6. 성찬 성례전을 교구에서 거행할 때 담당 목사는 적어도 두 명 이상의 교구 목사의 도움을 받을 수 있다.
7. 성찬 성례전이 거행되기 바로 전날에 일상적인 공중 예배 장소에서 성

찬 준비에 관한 설교를 선포하도록 한다.

8. 성찬 성례전이 거행되는 교회는 성찬에 참여할 자들에게 성찬을 분배하기에 앞서 설교를 한 번 할 수 있으며, 성찬이 끝난 후에 감사 설교를 한 번 할 수 있다.

9. 교구민들이 너무 많아서 교회가 그들을 수용할 수 없고, 교구민들을 적절하게 관리할 필요가 있을 경우에는, 교구 목사를 돕는 동료가 그러한 목적을 위하여 지정된 적절한 장소에서 그날 성찬에 참여하지 않는 교구민들에게 권면의 말씀을 할 준비를 갖추도록 한다. 권면의 말씀은 교회에서 선포된 설교가 끝날 때 비로소 시작한다.

10. 교회에 참석한 사람은 성찬 성례전이 거행되는 동안 보다 적절한 순서나 꼭 필요한 어떤 경우를 제외하고는 모든 성찬이 끝난 뒤 강복 선언(축도)이 있을 때까지 절대로 성찬상 앞으로 나가서는 안 된다.

11. 부목사는 교구민들을 위해 사역하는 동안, 교인들이 설교의 궁핍에 빠지지 않도록 자신이 맡은 교구에 특별한 관심을 가져야 한다.

12. 다른 교구에 속한 사람도 자신이 속한 교구의 목사가 준 성찬 참여 확인증 없이는 절대로 성찬 성례전에 참여할 수 없다. 어떤 목사도 자기 교회에서 성찬 성례전에 정기적으로 참석하는 사람에게, 그리고 그 사람의 생활에 아무 문제가 없는 사람에게 이 확인증을 거부해서는 안 된다. 때때로 성찬 예식 때 종종 일어나는 일로서, 아무 흠이 없는 사람을 미리 판단하는 일이 있어서는 안 되며, 자기가 속한 교구의 목사가 부재 중이거나 사망으로 인하여 이 표를 받지 못하는 일이 발생해서도 안 된다.

IV. 비록 지금까지는 스코틀랜드에서 목사가 강단에서 허리를 굽혀 절하는 것이 합법적인 관습이었지만 위원회는 그것을 지금부터 폐지하기로 결정한다. 이는 잉글랜드 교회 목사들의 요구를 충족시키기 위한 것이며, 또한 우리의 사랑하는 스코틀랜드 교회와 일치하기 위한 것이다.

지금까지의 위원회의 결정을 진지하게 심사숙고한 총회는 모든 법령과 규정이 동일 효력을 가질 것을 승인하며 지금부터 이 법을 준수할 것을 규정하는 바이다.

부록 C : 찰스 1세 법령(제3 의회, 제5 회기)

공중 예배에 관한 예배모범을 인준하고 확립하기 위한 스코틀랜드 왕국의 의회 법령.

에딘버러에서, 1645. 2. 6.

주후 1641년에 국왕과 총회에서 채택한 지난번 의회의 법령에 의거하여 여기, 삼 년마다 한 번씩 열리는 첫째 총회 중 두 번째 회기가 소집되었다. 총회에서 서명된 법령을 공개적으로 읽고 진지하게 심사숙고한 후에 최근에 조인된 '신성 동맹 계약'으로 연합된 세 왕국에서 하나님께 예배를 드릴 때 다음의 예배모범을 따르도록 승인하는 바이다. 또한 앞서 말한 예배모범을 확정한 영국 의회 규정과 예배모범 자체를 승인한다. 총회 규정에 따라 진심에서 우러나는 기쁨으로 예배모범에 동의하는 바이다. 의회 의원들의 반대하는 목소리 없이 의회 법령은 예배모범 자체는 물론 모든 제목과 조항을 인준하고 승인하며 앞서 말한 총회 법령에 의회의 권위를 더한다. 모든 점에서 총회의 법령에 따른 그 예배모범을 준수하기 위하여, 의회의 법과 규정도 동일한 힘과 권위를 갖도록 규정하며, 총회 법규에 따라 모든 점에서 예배모범을 준수하도록 통과시키는 바이다.

서기. 알렉스 깁슨 목사

부록 D : 기도문

목사가 선박을 위해 기도할 때 필요한 기도 자료로서, 의회가 제정한 예배모범에 동의하여 당국이 출판하였다.
존 필드가 런던에서 출판하여, 어들-힐(Addle-hill)에 있는 그의 집에서 판매하였다.

본 부록의 이유

본 왕국이 소유한 수천 척의 선박에는 기도를 인도하는 목사가 없었다. 그런 까닭으로 인해 배에서는 공동 기도서에 나와있는 옛날 기도문을 사용하거나 전혀 기도를 하지 않았다. 옛날 기도문은 여러 가지 중요한 이유 때문에 폐지되었고, 전혀 기도하지 않는 관습은 선원을 그리스도인이 아닌 오히려 주일을 경건하게 보내거나 헌신의 표지도 없이 방치된 이교도들로 만들 것이다. 이런 불합리를 피하기 위해서 의회는 제정된 예배모범과 일치하는 몇 가지의 기도문을 만드는 것이 합당하다고 생각하였다. 만약 목마른 사람이 저수지에서 물을 마신다면 샘에서 물을 마시는 현명하고 완전한 그리스도인은 어떤 마음의 슬픔도 갖지 않기를 소망한다. 그들은 오히려 궁핍한 형제에 대하여 연민을 느낄 것이며, 그 연민으로 인하여 좋은 것으로 굶주린 사람을 먹이는 사람을 본받을 것이다.

생기를 띠며 기도하는 사람 안에 거하시는 성령님에 의해 올려지는 이런 기도는 생생한 기도가 되어 성령님에 의해 용납되며 신령과 진리로 충만한 예배로 인정될 것이다. 그러나 기도하는 자가 진리 안에서 성령님으로 새로워지지 않거나 성령님의 인도하심을 받지 못한다면, 또한 성령님께서 친히 기도를 듣는 자들의 마음에 활력을 불어넣지 않거나 생기를 주지 않는다면 그 기도는 죽은 것이나 다름없으며 그것은 바로 기도의 껍질일 뿐이다.

회중이 모이면 다음과 같은 기도로 시작한다.

오 주님, 이제 특별한 방법 가운데서 역사하시는 주님 앞에서, 우리는 모든 경외와 겸손함으로 주님의 측량할 수 없는 위대함과 위엄을 고백하나이다. 주님께 감히 다가가기에 우리는 너무나 보잘것없으며 타락하였고, 거룩한 의무를 행하기에는 우리가 너무도 무능하다는 것을 주님 앞에 고백하옵니다. 지금 주님께 드리는 이 예배를 통해 겸손히 용서와 도우심과 용납을 간구하오며, 이제 읽을 주님의 말씀에 은혜를 내려 주시옵소서. 주 예수 그리스도의 중보와 그 모든 이름으로, 그리고 그 이름과 말씀 안에서 우리는 아버지께 다음과 같이 기도하나이다.
"하늘에 계신 우리 아버지……"

그리고 나서 신구약 성경에서 시편 몇 편과 성구 몇 절을 읽는다. 그러나 통상 외경으로 불리는 책들은 읽지 않고, 시편과 기도가 다음과 같이 뒤따른다.

위대하시고 은혜로우신 주님, 주님 앞에서 우리의 죄를 고백하나이다. 먼저 다른 모든 죄의 씨앗이며 우리를 영원한 저주로 이르게 할 수 있는 원죄와 육체와 영혼의 힘, 모든 능력은 타락하고 쇠약해졌으며, 우리의 선행은 더럽혀졌고, 혹시 억압되지 않았거나 또는 마음이 은혜로 새롭게 되지 않았더라면 지었을 헤아릴 수 없는 수많은 범죄 속에서 가장 사악한 인간의 후손이 저지른 가장 커다란 반역의 길로 빠져들었을 것입니다. 이제는 우리의 자범죄를 고백하나이다. 우리 자신의 죄, 행정 관원과 목사, 우리가 여러 면에서 방조한 나라 전체의 죄를 지었으며, 우리의 죄가 매우 악화되어 신성하고 바르고 선한 하나님의 법도의 명령을 깨뜨리면서 금지된 일을 행하였고 명령을 이행하지 않았나이다. 무지와 도덕적 결함뿐 아니라 교만으로 인해 마음의 빛을 거역했으며, 양심의 제지를 받지 않고 주님의 신성한 정신에 반하여 죄를 핑계할 수 없게 되었나이다. 주님의 넘치는 선하심과 오래 참으심을 멸시하였을 뿐만 아니라, 복음 안에서 은총 안으로의 많은 초대와 인도를 완강히 거부하였고, 믿음으로 주님을 마음속에 영접하는 데 힘쓰지 않았으며, 귀하신 주님과 삶을 동행하기를 소홀히 했나이다. 둔한 마음, 강퍅한 심령, 불신앙, 회개하지 않음, 안일함, 미온적인 신앙, 결실 없는 신앙을 회개하오며, 거듭난 삶과 고행을 추구하지 않음에 대하여, 또 능력 안에서 거룩을 실천하지 않았음을 회개합니다. 우리 중 가장 신실한 자들이 주님과 꾸준하게 동행하지 않은 채 의복을 더럽혔으며, 주님의 영광과 다른 사람의 유익을 위해 마땅히 품어야 할 열심을 내지 못했나이다. 풍성하고 위대한 주님의 자비와 그리스도의 사랑, 말씀의 빛, 교회의 개혁, 우리 자신의 목적, 약속, 맹세, 엄숙한 계약과 다른 특별한 의무에도 불구하고 거기에 반하여 우리가 그러한 죄를 지은 것을 통회하나이다. 저희들이 죄에 이끌려 죄의 종이 되었을 때 우리들은 추호의 은혜도 받을 가치가 없고, 주님의 강렬한 진노와 율법의 저주를 받아 마땅하며, 최고의 반역자에게 부과되는 중한 심판을 받아 마땅함을 진심으로 고백합니다. 그분은 우리에게서 그의 나라와 복음을 당연히 취해 가실 수 있고, 우리에게 온갖 영육간의 심판을 하실 수 있으며, 종국에는 우리를 어둠 속에, 영원히 애통하며 이를 갈게 될 유황불에 던지시는 분임을 고백합니다. 그 모든 것에도 불구하고 우리는 유일한 희생양이신 하나님 아버지 우편에 계신 주 예수 그리스도의 속죄와 중보 가운데서 우리 기도가 은혜롭게 응답될 것이라는 소망을 가집니다. 중보자이신 주님을 통한 새로운 언약 안에서 귀한 자비와 은총의 약속을 확신하면서 은혜의 보좌 앞으로 나아갑니다. 그 중보자를 통하여 피할 수도 견딜 수도 없는 하나님의 막대한 저주와 분노를 면하게 되었나이다. 우리의 모든 죄를 온전히 사하실 주님의 자비를 겸손히 진심으로 간구하오며, 오직 구주 예수 그리스도의 고난과 귀한 공로만을 의지하나이다. 오, 주님은 성령님을 통하여 우리 마음속에 그의 넓은 사랑을 허락해 주시나이다. 동일한 양자의 영으로 용서와 화해의 충만한 확신을 우리에게 인치셨으며, 시온에서 우는 모든 자를 위로하시고 병든 자와 상한 영혼에게 평화를 선포하시며, 마음이 상한 자를 싸매 주셨나이다. 하나님은 안일하고 뻔뻔스러운 죄인들의 눈을 여시고 양심을 깨닫게 하시며, 어둠에서 빛으로, 사탄의 권세에서 하나님께로 돌아서게 하시고, 죄를 용서하시며, 그리스도를 믿는 믿음으로 성화된 자들 가운데서 상속을 받게 하셨나이다. 그리스도의 보혈로 죄가 사해지며, 성령님을 통해 우리를 거룩하게 하옵소서. 우리 안에 거주하면서 폭력을 휘두르는 죄를 버리고 죽은 영을 그리스도 안에서 하나님의 생명으로 부활시키소서. 하나님과 인간을 향한 부르심과 담화에 대한 모든 의무를 다 하도록 적절하고 가능한 은총을 간구하오며, 유혹에 대항할 힘을 주소서. 복과 십자가를 거룩하게 사용하게 하시며, 생을 마칠 때까지 믿음의 인내와 순종을 주소서. 우리 주 예수 그리스도의 이름으로 간구하나이다.

보편 교회와 연합 교회와 나라를 위한 기도

열방에 있는 교회를 당신께로 모으시는 주님, 하나님 나라와 그리스도의 복음을 온 나라에 전파하기 위하여 간구합니다. 유대인을 개종시켜 주시고, 온 이방인들을 회복시켜 주시며, 적그리스도의 몰락과 주님의 재림이 신속히 임하기를 간구합니다. 반기독교 세력으로 인한 폭정과 터어키의 불경스럽고 잔인한 억압으로 고통 받는 해외 교회를 구원해 주소서. 개혁교회, 특히 더욱 엄격하고 경건하게 "신성 국가 동맹 계약"(Solemn National League and Covenant)으로 단결된 스코틀랜드, 잉글랜드, 아일랜드 교회에 주님의 은혜가 있기를 기원합니다. 그리고 세계의 끝에 있는 식민 국가를 위해서, 특히 우리가 속해 있는 교회와 국가를 위해서, 그곳에 하나님께서 평화와 진리, 경건의 능력을 세우시기를 기도합니다. 이단과 분파, 신성 모독, 미신, 안일함, 은혜 아래 있으면서도 열매 맺지 못하는 현상을 제거하여 주소서. 거룩한 언약을 지키지 못함으로 인한 벌에서 우리를 보호해 주시기를 간구하나이다. 모든 정치가, 특히 국왕 폐하를 위하여 간구하오니, 하나님께서 그의 인격과 내각에 풍성한 복을 허락하시고 또 그의 왕권을 믿음과 의로움으로 확립하시며 악한 궤계에서 구해내시고 국민의 안전과 복음 전파를 위한 복되고 영광스러운 도구가 되게 하옵소서. 선을 행하는 이들에게 용기를 주시고 보호하시며, 악을 행하는 자들은 두려움을 갖게 하소서. 그리스도의 교회와 대영 제국에 커다란 선을 베푸시옵소서. 여왕이 회심하게 하시고 황태자가 신앙 교육을 잘 받게 하시며, 고난당하는 우리 국왕의 자매 보헤미아 여왕을 평안하게 하시고, 또 저명한 독일의 선제후 찰스 왕자와 그의 영토, 그의 존엄이 회복되며 확립되게 하시고, 의회(각 왕국이 개회 중일 때)와 귀족들, 판사, 행정관들, 귀족 바로 아래 계급의 명문가들, 모든 평민들에게 복을 내려 주소서. 목사와 교사를 위하여 간구합니다. 하나님께서 그들을 성령님으로 충만케 하시어 그들의 삶이 모범적이 되도록 거룩하고 단정하며, 바르고 화평하여 은혜롭게 하소서. 그들의 목회가 온전하고, 신실하며, 능력 있게 하시고, 그들의 모든 노력 위에 넘치는 성공과 은총이 뒤따르게 하옵소서. 하나님의 마음에 합한 대로 당신의 사람 목회자에게 은혜를 베푸시옵소서. 대학과 모든 학교, 교회와 국민 복지를 위한 신학교에 복을 주시고, 그들이 학문과 경건 가운데서 더욱 더 융성하게 하소서. 말씀 사역과 성례전, 교육 사역 위에 복을 주시고, 내적.외적인 슬픔으로 인하여 고통 받는 자들에게 자비와 위로를 베푸소서. 주님! 계절에 걸맞는 날씨와 시기적절한 풍성한 수확을 주시고, 기근과 흑사병, 전쟁 또는 그 밖에 우리가 느끼는 두려움과 빠져나올 수 없는 심판에서 건지소서. 구원의 모든 외적인 수단으로 우리 마음에 은혜의 성령님을 자비롭게 부으셔서 우리 주 예수 그리스도의 지식으로 인도하는 탁월한 수단을 갖게 하시어 그리스도 안에서 존재하는 평화를 얻게 하소서. 우리에게 중요한 것을 주님과 비교할 때 그것은 배설물에 불과할 뿐입니다. 장차 드리게 될 영광의 첫 열매를 맛봄으로 우리가 주 예수 그리스도와 연합하여 더욱 충만하고, 더욱 완전한 교제를 갈망하며, 주님이 계신 곳에 우리 또한 존재하고, 영원히 그의 우편에 있는 기쁨과 희락의 충만함을 즐기게 하옵소서. 우리의 유일한 중보자이시며 변호자이신 예수 그리스도의 이름으로 이 모든 것을 간구합니다. 아멘.

이 기도를 마치고 나서 시편송을 부른 뒤 감사 기도와 축도로 폐회한다.

감사 기도

모든 선과 완전한 은총의 원천이신 가장 은혜로우신 아버지, 영적이며 육적인 주님의 모든 은혜에 감사를 드립니다. 특히 하나님의 아들 예수 그리스도를 우리 가운데 보내 주신 하나님의 크신 사랑에 감사드리나이다. 성령님의 교통하심과 영광된 복음의 빛과 자유에 감사하며, 그 안에 나타난 하나님의 풍성한 은총 곧 선택, 소명, 양자됨, 칭의, 성화, 그리고 영광의 소망에 감사드리옵나이다. 적그리스도의 어둠과 압제로부터 이 땅을 자유케 하신 하나님의 놀라운 은총에 감사하오며, 다른 모든 나라를 구원하심도 감사드립니다. 종교 개혁과 우리를 계속 보호하심과 아울러 세상에 살면서 누리는 수많은 복에 감사드립니다. 모든 주님의 사랑과 은총이 계속되기를 간구하오며 특별히 복음과 모든 규례가 순수함과 권능과 자유 가운데서 지속되기를 간구합니다. 말씀이 능력이 되어 우리 마음 안에 거하게 하시고, 그리하여 우리의 생활과 대화 속에 열매가 맺히기를 기도합니다. 죽음과 심판을 준비하기 위하여, 주 예수 그리스도의 재림을 잘 기다릴 수 있게 하소서. 거룩한 것을 욕되게 했음을 용서하시고 우리의 영적인 희생을 받아 주소서. 우리의 대제사장이신 구주 예수 그리스도의 공로와 중보를 통하여 이 모든 기도를 드립니다. 아멘.

축도(강복 선언)

여호와는 네게 복을 주시고 너를 지키시기를 원하며, 여호와는 그 얼굴로 네게 비취사 은혜 베푸시기를 원하며, 여호와는 그 얼굴을 네게로 향하여 드사 평강주시기를 원하노라(민 6:24-26).

평강의 하나님이 친히 너희로 온전히 거룩하게 하시고 또 너희 온 영과 혼과 몸이 우리 주 예수 그리스도 강림하실 때에 흠 없게 보전되기를 원하노라(살전 5:23).

주 예수 그리스도의 은혜와 하나님의 사랑과 성령님의 교통하심이 너희 무리와 함께 있을지어다(고후 13:13). 아멘.

특별히 바다를 항해하는 사람들을 위해 작성된 기도

땅 끝의 소망이시며 넓은 바다에 있는 사람들의 소망이신 주님, 주님의 섭리에 따라 사람들은 배를 타고 바다로 나가 거대한 바다에서 일을 합니다. 주님의 보호와 인도하심 가운데 배와 사람을 지켜 주시고, 사업과 수고에 복을 내리소서. 주님, 비록 우리는 죄로 인하여 복은커녕 저주를 받아 마땅하오나, 우리의 죄와 공적에 따라 우리를 대하지 마시고 주님의 무한하고 자유로운 자비와 무한한 가치를 지닌 아들 예수 그리스도의 공로에 따라 우리를 다스려 주옵시기를 기도하나이다. 그리스도 안에 있는 우리를 보옵소서. 주님은 그리스도 안에서 매우 기뻐하시며, 그리스도 안에서 우리와 함께 즐거워하시기를 간구하나이다. 주님, 죄책감에서 우리를 의롭게 하시고 죄의 권세와 속박에서 벗어날 수 있도록 우리를 성화시켜 주옵소서. 주님의 거룩함 없이는 어느 누구도 주님을 볼 수 없사오니 우리로 주님의 거룩함에 참여하게 하옵소서. 주님, 우리가 바다에 있을 때에, 바다를 창조하시고 헤아릴 수 없는 그고 작은 무수한 생명체를 만드신 주님의 위대하신 과업을 인식하게 하옵소서. 주님이 만드신 창조물을 바라보면서 우리 마음을 그 창조물을 지으신 주님께로 향하게 하시고, 주님에 의해서, 주님을 위하여 이 모든 것들이 창조되었사오니, 주님을 예배하고, 주님을 사랑하고, 주님을 섬기게 하옵소서. 주님, 폭풍과 광풍에서 우리를 지켜 주옵소서. 풍랑이 일어날 때 주님의 말씀으로 폭풍을 잠잠케 하시고 바다로 고요하게 하시며 우리 소망의 항구에 때맞춰 이르도록 하옵소서. 동시에 항해에서 만나기 쉬운 해적과 적들, 다른 위험에서 또한 우리를 보호하소서. 주님, 우리를 보호하시어 집까지 안전하게 인도하시고, 은혜를 베푸시어 진실로 주님께 감사드리며, 거룩한 생활과 대화로 우리의 감사를 표현하게 하소서. 우리를 보호하시는 주님을 섬기며 기쁘게 하기를 원하나이다. 우리를 보호하시는 주님의 손

길을 약하게 하지 마시고, 주님의 보호하심에 더욱 더 감사하게 하소서. 주님, 우리가 종종 위험한 상황을 겪을 때와 그 위험을 벗어날 때 주님의 은혜로운 섭리와 보호를 조금밖에 인식하지 못하는 본성적인 타락이 있음을 고백하나이다. 반면에 우리가 주님께 감사하면 할수록 주님은 우리에게 더 많은 사랑을 베풀어 주심도 고백하옵니다. 그러나 주님, 우리로 어리석음과 죄에 다시 돌아가지 말게 하옵시며, 주님의 보호를 받는 우리가 주님을 섬기고 감사하지 않고 죄의 길을 걸음으로 주님을 배반하지 않게 하옵소서. 주님은 우리가 생각지도 않는 시간에 우리를 공정히 심판하시어 바다와 다른 위험 한가운데로 우리를 내모시어 우리를 단숨에 삼키게 하신 뒤 영원히 타오르는 불못에 던지실지도 모르기 때문입니다. 그러나 주님, 주님의 은총으로 우리를 인도하여 주옵시고, 우리 맘대로 내버려두어 타락하지 않게 하소서. 오직 순례자의 모든 길, 즉 바다와 육지를 지나 주님의 선한 영으로 우리를 인도하시어, 마침내 주님이 계시는 곳, 희락이 충만하고 영원한 즐거움이 있는 곳, 곧 복의 진실된 항구와 휴식의 장소로 우리를 인도하옵소서. 오 주님, 들어주소서. 하나님 우편에 앉아 계셔서 우리를 위하여 중보하시는 주님의 사랑하는 아들 예수 그리스도를 통하여 우리의 동료들과 우리의 기도를 받아 주소서. 전능하신 하나님과 가장 복되신 분과 성령님께 지금부터 영원까지 모든 영광과 경배와 찬양을 드리나이다. 아멘.

폭풍 속에서의 기도

오 주님, 주님의 섭리와 의지로 인하여 이 폭풍이 우리에게 닥쳐왔음을 깨닫나이다. 주의 말씀은 주님이 폭풍을 명하시어 바다의 파도를 일으키셨음을 우리에게 가르치나이다. 강풍은 하늘까지 올랐다가 다시 깊음의 바다로 내려가고, 인간의 영혼은 고통으로 녹아내리며 어찌할 바를 모르나이다.

주님, 우리는 주님이 폭풍을 일으키시어 우리를 엄습하고 그 물결로 우리를 뒤덮을 만큼 죄가 많다는 것을 고백하옵니다. 그러나 주님, 우리로 마음의 모든 죄악을 발견하게 하시고, 특히 이 큰 폭풍을 야기한 죄악을 발견하게 하옵시며, 선원들이 요나를 던졌듯이 이 죄악을 던져 버리게 하시고, 바람과 바다를 꾸짖어 그들을 잔잔케 하옵소서. 주님, 우리가 그 죄악을 던져 버린 후 더 큰 풍랑이 우리를 덮치지 않도록 다시 그것을 취하지 않게 하옵소서. 죄가 있는 곳에 폭풍이 있음을 고백하나이다. 폭풍과 광풍, 불과 유황은 죄인들의 몫입니다. 은총을 베푸사 우리가 죄를 미워하고 쫓아내게 하옵소서. 죄는 폭풍과 심판을 가져올 뿐 아니라 증오스러우며 주님의 의로우신 율법에 반대되고 의의 원천이시며 법이신 주님을 거스르기 때문입니다. 주님, 우리 영혼을 거룩하게 하고 통제하기 위하여 주님의 아들 예수 그리스도를 우리 영혼 가운데 모시게 하옵소서. 또한 예수 그리스도께서 다스리시는 영혼 안에 평온이 있음을 기억하면서, 그분에 의해 의롭다 함을 얻어 하나님과 더불어 화평을 누리게 하옵소서. 그리스도께서 여기 낮은 곳에 계실 때, 배 안에 계실 때 거기서도 또한 바다를 평온케 하시며 바람을 잔잔하도록 명하셨나이다. 주님, 지금 이러한 평온을 우리에게 허락하옵소서. 성경이 말하듯이, 주님이 명령하시면 폭풍이 일어나는 것을 우리는 봅니다. 사람들이 환난 가운데서 부르짖을 때, 주님은 또한 그들을 곤경에서 건져 주시고 폭풍을 평온케 하시며, 바다의 물결을 잔잔케 하시옵니다. 폭풍이 고요해지면 사람들은 기뻐하고 주님은 그들을 소망의 항구로 인도하시나이다. 간구하오니 이제 우리로 주의 말씀을 따르는 주님의 종이 되게 하시고, 또한 다음과 같이 행하게 하옵소서. 우리로 하여금 그의 선하심과 인간에게 행하신 놀라운 역사를 인하여 주님을 찬양하게 하옵소서. 우리로 하여금 집회 중인 사람들 속에서 주님을 높이게 하시고, 장로들의 총회에서 주님을 찬양하게 하옵소서. 요나를 배에 태운 이방 선원들이 폭풍 속에서 구원을 얻었다면, 그들은 주님을 매우 두려워하여 주님께 희생 제사를 드리며 서원했을 것입니다. 하물며 복음의 빛을 가진 우리가 그들보다 훨씬 더 주님을 경외하며 찬양의 제사를 드리게 하시고 더 나은 순종의 서원을 드리게 하옵소서. 주님, 그러한 서원을 드릴 때 주의 은혜로 도우사 우리가 서원을 잘 이행하게 하옵소서. 위험에 처해야 결심하는 것보다 구원받은 후에 불순종함이 더 나쁘니, 우리가 폭풍 가운데 있을 때 우리 스스로 같은 생각, 거룩한 결단, 선한 대화를 견지하게 하옵소서. 주님, 주님께서 아무리 우리를 버리시려 해도 우리를 주님의 전능하신 손에 맡기나이다. 토기가 토기장이에게 순종하는 것같이 우리 자신도 주님께 복종하나이다. 왜냐하면 주님은 선택한 사람에게 모든 좋은 것을 주신다고 약속하셨기 때문입니다. 더 나아가 생명이나 사망도 그리스도 예수 안에 있는 주님의 사랑으로부터 우리를 분리시킬 수 없음을 우리에게 보이시옵소서. 주님의 종들에게 그렇게 하시고 주님의 사랑이 사랑하시는 아들 예수 그리스도 안에서 항상 우리를 향하게 하옵소서. 우리 육체에 심판이 닥쳐도 영혼은 주 예수로 인하여 구원받게 하시고 살아 계신 아버지로 인해 주 예수님과 하나되게 하옵시며, 그리하여 그분 안에서 영원한 생명의 동반자가 되게 하옵소서. 그러한 확실한 소망과 신앙을 가짐으로써 우리로 하여금 만물 중의 최고이신 그리스도와 함께 살고 그리스도와 함께 죽기를 열망하게 하옵소서. 죽음에 이르렀을 때 '주 예수님, 우리 영혼을 받아주소서.'라고 확신을 가지고 말하게 하옵소서. 오 주님, 들어 주소서. 우리 간구를 허락해 주옵시며, 주님의 지혜는 우리가 묻고 생각하는 것 그 이상으로 가장 최고의 것이라는 것을 알게 하옵소서. 주님의 아들을 위하여, 복되신 구주를 통해서만 우리와 우리 기도가 주님께 상달될 것을 아나이다. 아버지의 영광스러운 본체이시며 지고의 성령님께 모든 존귀와 영광과 찬양과 감사와 예배와 순종이 지금부터 영원까지 함께하시길 간구하나이다. 아멘.

부록 E : 동료에게 보내는 베일리(Baillie)의 소고

성만찬에서 성찬 성례전에 참여하기 전과 후에 모든 사적인 기도를 이행하라는 예배모범 조항은 필자에게 매우 큰 부담을 주었다. 거기에 대해서 필자는 겸손하고 진지하게 다음과 같은 이유에 의거하여 기도를 생략할 수 있음을 밝히고자 한다.

1. 사적인 기도는 필자가 아는 모든 목사나 사람들이 다 그런 것은 아니지만, 대부분의 일상적인 관례에 있어서 어떤 성경에도 또는 어떤 근거도 없는 부정적인 교훈을 나타낸다.
2. 본질상 요구하는 것처럼 보이고, 경건하고 이해심 있는 많은 그리스도인들의 경험 속에서 가끔 유용하다고 느껴지는 사적인 예배는 불법이며 죄악이고 미신적 예배라고 공적으로 선언되었다.
3. 사적인 예배를 이행하는 근거는 공중 예배를 드리는 시간과 장소에서 모든 사적인 예배를 행한다는 일반적인 공리에 근거한다. 이것은 공중 예배 순서에 들어 있는 목사와 회중의 사적인 기도를 불법이라고 이의를 제기하는 자들에게 호의를 베풂으로써 교회 논쟁을 즉시 해결하였다.
4. 그것은 필요 없는 소란과 매우 곤란하고 때 아닌 분쟁의 근거를 제공할 것이다.
5. 그것은 예배모범 나머지 부분이 취한 본질적인 문제들에 대한 지혜로운 과정을 바꾸었다. 이것을 지나칠 수 없어서 그대로 내버려두었다. 그것은 적절한 것을 권면하지 않고 교회 대부분이 합법적이며 훌륭한 관습을 취한다는 논쟁 속에서도 공식적으로는 불법인 예배가 되는 이러한 것들을 행하고 있다. 이것은 많은 사람들의 양심에 무거운 짐과 멍에가 될 것이다. 이런 예배에서 드린 헌금은 이미 분열되기 시작한 교회에 기름을 끼얹는 것과 같으며, 아무 소용없는 불행한 의식 논쟁을 계속하게 할 것이다.

설교 후 교회와 다른 공적인 문제를 위해 기도할 때, 만일 우리가 그런 문제를 제기하지 말아야 한다고 생각해 보자.

1. 그들의 관습이 명백히 탁월한 것이 아니라면, 그들은 보다 편견을 덜 가진 상태에서 자신들의 방법을 수정할 수 있을 것이다. 왜냐하면 우리는 이미 결정했으므로 어떤 필요성이나 명백한 적합성 없이는 공중 예배에 어떤 변화도 허용하지 않을 것이기 때문이다.
2. 그들의 관습에 의거한 공중 기도는 매우 불합리하다. 예배 뒷부분에 하는 기도는 너무 짧고, 앞부분에 하는 기도는 지루할 만큼 길다.
3. 설교의 무거운 짐에서 벗어난 목사의 마음은 설교하기 전보다 설교 후에 기도하는 것이 훨씬 편하다. 예배를 마치려는 교인들도 설교 전보다는 설교 후에 길게 기도하는 것이 더욱 편하다. 이 부분에 대하여 필자는 조금 경험이 있다.
4. 예배에는 엄숙한 기도 순서가 한 번 있어야 한다는 고정된 견해에 반대하는 단 한 가지 이유는 확실한 근거도 없이 모든 신구교회의 관습에 반대하여 기도를 언제나 작은 부분으로 나누어서 기도의 길이를 정했던 독립교회파의 새로운 생각 때문이다.
5. 더 이상 얻을 것이 없다면 교회가 합당하다고 생각할 경우, 언어를 보다 분명하고 명확히 하여 교회가 자체적인 관습을 지키도록 완전한 자유를 주도록 하자.

성경 봉독에 대해서 필자는 마샬의 입장이 합법성을 얻기를 바란다. 우리 교회가 민감한 변화를 추구하지 않도록, 또한 매우 오래되고 평범해진 잘못된 관습을 인정하지 않도록, 모든 도시에서 공적으로 기도하는 것을 억제하지 않도록, 모든 성경 대독자들을 불법 직원으로 내어 몰지 않도록, 대부분의 목사들에게 매우 무거운 짐을 지우지 않도록, 교회가 지정한 어떤 적합한 사람이 그가 직원이든 아니든 간에 성경을 낭독하고 노래하는 것이 합법성을 얻게 되기를 바라는 것이다. 두 번의 설교, 교리 공부, 세례식, 결혼식, 회의 등을 주관하는 것 외에도, 우리는 목사에게 오전과 오후에 기도하고, 찬양하고, 성경을 읽도록 할 것이다. 만약 회중 가운데서 목사나 박사 외에는 아무도 기도하거나 설교하거나 낭독할 사람이 없을 경우, 우리가 기대하는 사람들은 다른 사람을 위하여 하나님께 중보할 수도 없고, 하나님에 대하여 말할 수도 없는데, 그들은 그 일을 위해 부름 받지 않았고, 타당한 의미에서 직원이 아니기 때문이다. 우리는 이 문제를 매우 신중하게 고려할 필요가 있다.

부록 F : 교회 정치

목사의 임직

목사의 임직 항목에서는 임직 교리와 임직의 권한을 다루고 있다.

임직 교리

어떤 사람에게도 합법적인 소명 없이는 말씀을 전하는 목사의 직분을 맡겨서는 안 된다.11)

임직은 항상 교회 안에서 지속적으로 행해져야 한다.12)

임직은 교회의 공적인 직분으로 사람을 엄숙하게 구별하는

---

11) 요 3:27, 롬 10:14-15, 렘 14:14, 히 5:4.
12) 딛 1:5, 딤전 5:21-22.

일이다.13)

말씀을 전하는 모든 목사는 설교권을 갖는 목회자들에 의해서 안수식과 기도, 금식을 통해 임직 받는다.14)

어떤 특정한 교회를 섬기도록 예정되거나 다른 목회적 임무를 부과하기 위하여 안수 받는 것은 하나님 말씀에 일치하는 것이고, 매우 적절한 일이다.15)

목사 임직을 받는 사람은 사도적 규범에 따라 삶과 목회적 능력에 있어서 정당한 자격을 갖춰야 한다.16)

임직을 거행하는 사람들은 임직 받을 목사를 검증하고 승인해야 한다.17)

회중들 중에서 임직에 대한 정당한 이의를 제기할 때는 어떤 사람도 그 회중을 담당하는 목사로 임직 받을 수 없다.18)

임직의 권한

임직은 노회의 업무이다.19)

임직에 관한 모든 일을 정하는 권한은 노회 전체에 있다. 회중이 한 사람 이상일 때 직원 또는 회원이 고정되었는가 아닌가 하는 문제는 임직식에서 그다지 중요하지 않다.20)

임직에 대한 전체적이고도 유일한 권한을 회중 단 한 사람이 담당할 수는 없다.

---

13) 민 8:10-11, 19, 22, 행 6:3, 5-6.
14) 딤전 5:22, 행 14:23, 13:3.
15) 행 14:23, 딛 1:5, 행 20:17, 28.
16) 딤전 3:2-6, 딛 1:5-9.
17) 딤전 3:7, 10, 5:22.
18) 딤전 3:2, 딛 1:7.
19) 딤전 4:14.
20) 딤전 4:14.

1. 성경에는 어떤 단일한 회중이 임직에 관계되는 전체적이고도 유일한 권한을 혼자서 떠맡은 경우는 예시되어 있지 않으며 그러한 관행을 요구하는 규정도 없기 때문이다.

2. 많은 회중이 있던 예루살렘 교회처럼 성경에는 여러 회중이 어느 한 노회에서 임직을 하는 예가 성경에 나오기 때문이다. 많은 회중은 한 노회 안에 있었고 이 노회가 임직을 거행했다.

도시나 또는 인근 마을에서 잘 준비된 말씀을 선포하는 장로들은, 각각 그들이 맡은 구역 회중들에게 안수를 한다.

목사 임직의 교리 부분에 관하여

1. 어떤 사람에게도 합법적인 소명 없이는 말씀을 전하는 목사의 직분을 맡겨서는 안 된다.21)

2. 임식은 항상 교회 안에서 지속적으로 행해져야 한다.22)

3. 임직은 교회의 공적인 직분으로 사람을 엄숙하게 구별하는 일이다.23)

4. 말씀을 전하는 모든 목사는 설교권을 갖는 장로, 곧 목사들에 의해서 안수식과 기도, 금식을 통해 임직 받는다.24)

5. 임직에 관한 모든 일을 정하는 권한은 노회 전체에 있다. 회중이 한 사람 이상일 때 직원 또는 회원이 고정되었는가 아닌가 하는 문제는 임직식에서 그다지 중요하지 않다.25)

---

21) 요 3:27, 롬 10:14-15, 렘 14:14, 히 5:4.
22) 딛 1:5, 딤전 5:21-22.
23) 민 8:10-11, 14, 19, 22, 행 6:3, 5-6.
24) 딤전 5:22, 행 14:23, 13:3.
25) 딤전 4:14.

6. 어떤 특정한 교회를 섬기도록 예정되거나 다른 목회적 임무를 위하여 안수 받는 것은 하나님 말씀에 일치하는 것이고, 매우 적절한 일이다.26)

7. 목사 임직을 받는 사람은 사도적 규범에 따라 삶과 목회적 능력에 있어 정당한 자격을 갖추어야 한다.27)

8. 임직을 거행하는 사람들은 임직 받을 목사를 검증하고 승인해야 한다.28)

9. 회중들 중에서 임직에 대한 정당한 이의를 제기할 때는 어떤 사람도 그 회중을 담당하는 목사로 임직 받을 수 없다.29)

10. 도시나 또는 인근 마을에서 잘 준비된 말씀을 설교하는 장로들, 곧 목사들은 각각 그들이 맡은 구역 회중들에게 안수를 한다.30)

11. 특별한 경우에는 확정된 법규가 정해질 때까지 예외 상황이 허용될 수 있다. 그러나 가능한 한 규칙을 따라야 한다.31)

12. 우리가 겸손히 인정하는 것처럼 현재 목사를 배출하는 방법에 특별한 경우가 있다.

목사 임직을 위한 예배모범

어떤 사람도 그가 합법적으로 소명을 받고 임직을 받기 전까지 복음 사역자의 직분을 맡길 수 없다는 것은 하나님 말씀에 의해서 명백히 드러났다. 임직식은 당연한 관심과 지혜 속에서

---

26) 행 14:23, 딛 1:5, 행 20:17, 28.
27) 딤전 3:2-6, 딛 1:5-9.
28) 딤전 3:7, 10, 5:22.
29) 딤전 3:2, 딛 1:7.
30) 딤전 4:14
31) 대하 24:34-36, 30:2-5.

진지함과 엄숙함으로 수행되어야 한다. 우리는 겸손히 다음과 같은 지침을 반드시 준수할 것을 제안한다.

1. 임직 받을 사람을 회중이 지명했든지 아니면 노회가 추천했든지 상관없이 노회에 알려야 하며 세 왕국 계약에 의거한 증명서를 제출하여야 한다. 또한 학력, 근면성과 성숙함에 대하여, 대학에서 어떤 학위를 받았으며, 몇 년간 수학하였는지, 더 나아가 나이가 24세인지, 특별히 그의 생활 태도와 양식에 대한 증명서를 제출하여야 한다.

2. 노회가 다루어야 할 것으로써, 노회는 하나님의 은혜가 임직자와 함께하는지를 먼저 질문해야 한다. 또한 복음 사역자에게 요구되는 생활의 거룩함이 있는지, 학문과 자격에 관하여, 거룩한 사역에로 부르신 소명의 증거에 관하여, 특별히 그 직분에 온당하고 직접적인 소명이 있는지를 먼저 검증해야 한다.

검증을 위한 규정

(1) 검증받는 당사자는 형제처럼 부드럽고 온유한 분위기에서, 자격을 갖춘 사람들이 특별히 신중하고 공정하게 검증하도록 한다.

(2) 원어 능력을 확인할 필요가 있는데 히브리어와 헬라어 성경을 읽을 수 있는지를 시험하고 한 부분을 라틴어로 번역해 보도록 하라. 만일 그 부분에 부족함이 발견되면 다른 학문을 더욱 엄격히 조사하도록 하고 논리학과 철학에 관한 지식이 있는지를 확인하라.

(3) 신학교에서 어떤 저자의 책을 읽었고 잘 알고 있는지, 종교의 기초 지식은 있는지, 특별히 현 시대에 있어서 모든 불건전하고 잘못된 견해에 맞서 정통 교리를 옹호할 능력이 있는지를 검증하라. 또한 성경의 한 부분을 그에게 제시하여, 양심과 성경 연대기와 교회 역사적 관점

에서 뜻과 의미를 파악할 수 있는지를 검증하라.

(4) 판단할 만한 사람들 앞에서 이전에 설교한 적이 없다면 그는 주어진 적절한 시간에, 주어진 성경 말씀 일부분을 본문으로 노회 앞에서 설교를 해야 한다.

(5) 신학의 범위 안에서 주어진 명문이나 논쟁에 대하여 적절한 시간 안에 라틴어로 사설을 작성하고 이것을 요약한 논문을 노회에 제출해야 하며 그 논제를 토론해야 한다.

(6) 참석한 회중 앞에서 노회나 그들에 의해 이미 임명받은 일부 목사들 앞에서 직접 설교해야 한다.

(7) 소명 받은 직분과 관련하여 어떤 은사를 받았는지를 고려하도록 하라.

(8) 설교 은사를 시험하는 것 이외에도 노회가 필요하다고 판단할 경우, 앞에 말한 바와 같이 이틀 또는 그 이상 검증을 하도록 한다.

(9) 이미 목사로 임직을 받고 책임을 맡아 옮겨간 자는 임직식, 능력, 생활 태도를 증명하는 확인서를 제출해야 한다. 그 직분에 대한 적합성은 설교로 검증하도록 하며, 만약 필요하다고 판단되면 더 많은 검증을 시도할 수 있다.

3. 모든 절차를 승인받은 후에 그는 섬길 교회로 파송을 받게 되고 거기서 수삼 일 동안 설교하면서 회중들과 대화를 나누도록 한다. 그들은 자신의 덕성과 교육을 위하여 은사를 시험해 볼 수 있으며, 그의 생활과 태도를 더 잘 알기 위하여 질문하는 시간과 기회를 가질 수도 있다.

4. 설교 은사를 시험하기 위하여 지정된 삼 일 중 마지막 날 노회는 회중들이 공개적으로 읽은 뒤 나중에 교회 문에 붙이도록 서면으로 된 공식 통지서를 회중들에게 보낸다. 그 통지서는 회중이 지명한 충분한 자격을 갖춘 회원들로 하여금 해당자가

자신들의 목사가 되는 것에 동의하고 승인하도록 노회에 출석하는 날짜를 알려 주기 위함이다. 또는 반대로, 모든 그리스도인들이 신중하고 온유하게 반대하는 이의를 제출하기 위해서이기도 하다. 지정된 날짜를 반대하는 어떤 정당한 이의가 없이 모두가 동의하면 노회는 임직식을 속행한다.

5. 임직식은 섬기는 교회에서 거행하되 정해진 임직식 날을 위하여 회중은 엄숙하게 금식을 하여 임직식과 자신들을 위해 일할 주님의 종의 수고에 복을 주시도록 진심으로 기도해야 한다. 장로들이 직접 임직식에 참석하거나 또는 최소한 3~4명의 목사를 그 곳으로 파송한다. 그 중에서 노회가 지명한 한 목사가 그리스도의 목사의 직책과 의무에 관하여, 또 회중들이 자신들을 위해 목사를 어떻게 용납해야 하는지에 대한 설교를 하도록 한다.

6. 설교가 끝나면 설교한 목사는 이제 회중 앞에서 임직 받는 이에게 다음과 같이 요구한다. 즉 성경에 따른 예수 그리스도에 대한 믿음과 개혁교회 진리에 대한 확신, 소명을 시작하려는 열정에 대한 진실된 의도와 목적, 이 밖에 기도, 독서, 묵상, 설교, 성례전 거행, 훈련, 책임에 대한 모든 목회적 의무를 근면하게 수행할 것 등, 또한 복음의 진리를 유지하기 위해 열심히 충성할 것과 거짓과 분파에서 교회를 온전히 지킬 것, 자신과 가족에게 부끄러움이 없으며 양떼들의 모범이 될 것, 성령님의 온유함 안에서 형제의 훈계와 교회의 가르침에 복종하고자 하는 자원함과 겸손에 대하여, 그리고 모든 고난과 박해 속에서도 자신의 의무를 수행하려는 결의를 요구해야 한다.

7. 하나님의 도우심으로 임직을 선포하고, 자원하는 마음을 고백하며, 열심을 다 할 것을 서약한 후에 설교했던 목사는 회중에게도 또한 임직 받은 자를 주님의 목자로 기꺼이 받아들여 인

정하며, 주님 안에서 자신들에게 부과된 규칙에 따라 그에게 순종하고 복종할 것을 요구할 수 있다. 즉 목사직의 모든 분야에서 목사를 지지하고, 격려하고, 도와주도록 요구한다.

    8. 회중과 노회, 그리고 임직을 위해 파송된 목사들은 쌍방 간 서약한 후에 임직자를 성직을 맡은 사역자로 엄숙히 구별한 다음 그에게 손을 얹고 다음과 같은 취지로 간단히 기도하거나 축복한다.

    "자기 백성을 구속하기 위하여 예수 그리스도를 보내 주신 하나님의 크신 자비를 진심으로 감사드리나이다. 승천하사 하나님 아버지 우편에 계시며 성령님을 부어 주심과 인간, 사도들, 복음 전도자들, 예언자들, 목사와 교사들에게 은사 주심을 감사드리나이다. 성도를 모으시고 교회를 세우심에 대하여, 그리고 이 사람을 당신의 위대한 사역에 적합하게 하시고 마음을 기울여 주심을 감사드리나이다.[32] 간절히 기도하오니 성령님으로 그를 충만케 하옵시고 주님의 이름으로 거룩한 임무를 하도록 구별한 이 사람이 모든 면에서 목회 사역을 충분히 이루도록 하옵소서. 그래서 자신과 자기에게 맡겨진 회중을 모두 구원하게 하옵소서."

    9. 이런 식의 기도와 축복이 끝나면, 설교한 목사는 목사의 직분과 사역의 위대성에 대하여 생각하도록 임직 받은 자를 간단히 권면하고, 자신과 자신의 양떼를 소홀히 할 위험성을 지적하며, 이 세상과 장차 다가올 세상에서 그의 신실함과 함께 있을 축복을 말해 준다. 동시에 회중에게도 이미 맺은 엄숙한 서약에 따라 주님 안에서 자신의 목사로 잘 따르도록 권면한다. 그리고 나서 목사와 양떼를 하나님의 은총에 위탁하는 기도를 한 뒤 시

---

32) 여기서 그의 머리에 손을 얹도록 한다.

편 찬송을 하고 축도로 회중을 해산시킨다.

　　10. 목사가 잉글랜드 교회의 예식 규정에 따라 이미 장로로 임직 받은 사람이라면, 그것은 실질적으로 유효하다고 여기고 누구에 의해서도 거부되지 않는다. 그런 경우에는 신중한 검증 과정을 거친 후에 임직식을 다시 하지 않고 그를 인정하도록 한다.

　　11. 스코틀랜드 또는 다른 개혁교회에서 이미 임직을 받은 목사가 잉글랜드의 다른 회중에게 가게 된 경우 그는 이전 교회에서 새로운 회중이 속한 노회로 임직에 관련된 내용과 이전 회중들과 지낼 때의 생활과 태도를 충분히 증명하는 서류와 임지를 떠나는 이유를 제출해야 한다. 그 사람의 적합성과 충분성을 시험하고 그 밖의 특정 사항을 동일한 과정으로 조사한 뒤 즉각적으로 앞서 행하던 규정대로 검토하고 승인하도록 한다.

　　12. 임직 받은 사람들의 명단은 증명서, 또 임직 받은 시기와 장소, 머리에 안수한 장로들의 이름, 임직 때 받은 책임 등과 함께 몇몇 노회가 신중하게 보관해야 한다.

　　13. 임직 받는 사람에게서 돈이나 선물 등 어떤 것이라도 받아서는 안 된다. 또한 임직 시에, 또는 노회에 속하거나 노회의 어느 누구로부터도, 또한 그들과 관련된 사람에게서 어떤 구실로든지 받아서는 안 된다.

여기까지는 일반 규칙과 보편적인 방법에 의거한 임직 절차였으나, 다음은 지금부터 시행되어야 할 특별한 방법이다.

　　1. 모든 권한과 행사를 주관하는 노회를 구성할 수 없는 경우, 많은 목사들이 육군이나 해군에서 복무하기 위하여 임직을 받아야 할 때, 목사가 전혀 없는 많은 회중들이 있을 때, 공적인

문제로 인하여 자신들에게 신실한 목회자인지를 검증 또는 확인할 수 없거나 목사를 안전하게 모시는 데 문제가 있을 때, 또 일반적인 규정에 따라 앞서 언급한 엄숙한 심사 결과 때문에, 특히 가까이에 이 일에 착수할 만한 노회가 없을 때, 즉 노회가 회중이나 사람들을 위하여 합당한 목사를 오게 하거나 보내줄 수 없을 때, 그럼에도 불구하고 이러한 긴급 상황에서 목회 사역을 위하여 스스로 다른 사람들과 구별하여 입회할 수 있는 권한을 갖고 있고, 타당하고 적합하며, 존경받을 만한 사람들에 의해 목사들이 임직을 받는 것은 불가피한 일이다. 이러한 경우 하나님의 은혜로 앞서 말한 어려움이 어느 정도 제거될 때까지, 공적인 권위로 이루어진 협회는 런던 시내 또는 런던 주변에서 가능한 한 앞서 언급한 일반 규정을 준수하면서, 도시나 인근 지역을 목회하는 경건한 목사들에게 임직하는 권한을 부여할 수 있다. 이러한 협회는 어떤 다른 의도나 목적을 위해서가 아니라 단지 임직식만을 위하여 조성된다.

    2. 현재 조용하고 혼란스럽지 않은 대도시나 몇몇 인근 지방 교구에서 똑같은 권위 아래서 소집된 협의회처럼 인접한 지역에서도 동일하게 행사될 수 있어야 한다.

    3. 육군이나 해군을 위해 선택되고 지명된 자들은 앞서 언급했듯이 런던의 목회자 연합회 또는 나라 안에 있는 다른 지역 목사들에 의해 임직 받도록 한다.

    4. 정당하고 합법적으로 어떤 회중을 사역하도록 추천받은 목회자를, 회중이 검증할 자유를 달가워하지 않고 그 목사의 도움도 원하지 않을 때는 회중으로 하여금 그렇게 하도록 두는 것이 더 좋다. 왜냐하면 그 교회와 회중을 섬기는 데 그렇게 하는 것이 적합하다고 판단했을 것이기 때문이다.

색 인

ㄱ

가테이커 / 106
간증 / 54, 80
감사 기도 / 50, 60, 79, 98,
　　101, 104, 111, 126, 160
감사 주일 / 78, 136, 137
강복 선언 / 102, 161
강화 / 100, 123
개인 기도 / 17, 44, 66, 89, 126
개회 기도 / 89
거쓰리 / 112, 136
검증 / 54, 71, 91, 114, 139,
　　140, 152, 169, 171, 172,
　　173, 176, 177
겔로웨이 / 24
결혼 반지 / 130
결혼 예식 / 20, 67, 68, 70,
　　94, 128, 129
결혼식 / 28, 67, 68, 128, 130,
　　133, 136, 168

고난 주간 / 113
고든 / 23, 24
고든의 문서 / 23
골번 / 119
공적 세례 / 26, 28, 104
공적 예배 / 65, 66, 137, 166,
　　167
공적인 금식 / 57, 76, 81, 135
공중 기도 / 43, 45, 50, 57,
　　96, 97, 136, 167
공중 예배 / 16, 17, 23, 25,
　　37, 38, 39, 41, 42, 43,
　　44, 81, 129, 131, 137,
　　142, 148, 149, 151, 152,
　　154, 166
공중 집회 / 88
교구 목사 / 28, 136, 152, 153
교리 / 18, 22, 32, 51, 52, 53,
　　54, 55, 56, 59, 93, 96,
　　97, 98, 99, 100, 104, 105,
　　106, 111, 116, 121, 145,

146, 147, 151, 168, 170, 172
교리 문답 / 100, 106, 149
교육 지침서 / 145
교황주의자 / 40, 129
교회 정치 / 12, 15, 20, 21, 32, 92, 99, 100, 102, 113, 145, 149, 168
교회력 / 23
구지 / 85
국가 예배 / 22, 109
국민 고백 / 117
굳윈 / 14, 84, 94, 128
권고 / 25, 31, 53, 54, 59, 65, 78, 86, 106, 107, 113, 122, 123, 128, 138, 152
권면의 말씀 / 62, 78, 153
귀네 / 91
규정서(rubric) / 103, 105, 110, 126
글래스고우 / 22, 24, 30, 112, 114, 129
금식 / 78, 113, 114, 135, 142, 169, 170, 174
기본(Guibon) / 137
기원의 기도 / 122
길레스피 / 10, 12, 19, 85, 86, 87, 94, 95, 102, 104, 109,

110, 112, 121, 124, 129, 143
깁슨 / 155

나이(Nye) / 84, 137
낙스 / 14, 29, 104
노르위치 / 114
노회 / 30, 44, 93, 101, 169, 170, 172, 173, 174, 175, 176, 177
놀위치 / 101
닐 / 85

「디메섹 제단」 / 122, 124
대독자 / 16, 89, 93, 94, 96, 167
대부모 / 17, 104
대위원회 / 12, 13
대지 / 52
더글라스 / 10, 11
독립교회파 / 14, 18, 19, 28, 29, 30, 84, 85, 92, 94, 96, 97, 99, 105, 107, 108, 111, 113, 118, 121, 122, 140, 143, 167
독일교회 / 111

ㄹ

라스꼬 / 120
라이트풋 / 95, 99, 102, 113, 118, 120, 121, 127, 132, 133, 134, 135, 137
라이트풋 일지 / 12
라이튼 / 91, 100
라테란 공의회 / 112
램시 / 27
레이(Ley) / 129
레이(Ray) / 134
레이놀드 / 84, 101, 137
렌 / 114
로던 / 84
로드 예식서 / 22
로스 / 21
로왈렌 / 139
루스 / 137, 139, 140, 141
루터포드 / 10, 90, 95, 99, 105, 108, 122, 132, 136, 137, 143

ㅁ

마샬 / 14, 83, 84, 91, 130, 167
마치 / 93, 94
말씀 강해 / 96
말씀 강화 / 96, 97

매로우 / 27
매싱거 / 105
매일 기도 / 114
매튜 헨리 / 138
매트랜드 / 10, 85
맥크리 / 134
맥팔렌스 / 30
멘체스터 / 19
모러 / 23, 104, 110, 130, 134
「목사들이 선원들을 위해 기도할 때 사용하는 지침서」 / 18
목사의 직임 / 97
무릎 / 24, 75, 90, 91, 103, 110, 116, 117, 118
미들버그 / 15, 107
미첼 / 11, 12, 101, 109
믿음의 법적인 책임자 / 107
밀튼 / 20

ㅂ

바이필드 / 11, 83
바인스 / 84
바튼 / 139, 140
버네트 / 99, 114
버로프 / 84
버튼 / 15
베림의 공정한 등록 장부 / 38
베어본 / 140

베일리 / 9, 10, 12, 13, 19, 26, 28, 32, 85, 88, 92, 93, 94, 96, 98, 100, 102, 104, 107, 109, 117, 118, 122, 126, 129, 131, 133, 139, 140, 166
Baillie's Letter / 9, 12
벡 / 30
보스톤 / 105
보충 법령 / 125, 126, 127
보충 법안 / 18, 114
복음주의자 / 28, 122
본문에 대한 개요 / 51
봉헌 / 81, 126
부칙 / 89
분피 / 9, 40, 151, 150, 174
브라운 / 97, 105
브레리튼 / 125
브리지 / 84, 105
비국교도 / 9, 22, 23, 28, 30
비닝 / 100

사도 교령 / 23
사도신경 / 16, 17, 22, 87, 88, 101, 107, 108, 109, 110
사보이 / 14, 19, 107, 114, 117, 122, 124, 130

삼성송 / 87, 88, 102
샤롯 공주 / 134
샤프 / 23, 24, 125
서문경 / 90, 91
서서 드리는 기도 / 91, 118
선원 / 17, 18, 32, 155, 164
설교 은사 / 173
설교권 / 94, 169, 170
설교의 주제 / 51
설교자 / 18, 25, 99
성 마르탱 르 그랑 / 120
성 메리(St. Mary) / 119
성 자일스(St. Giles) / 29, 90
성경 봉독 / 16, 22, 25, 43, 44, 45, 75, 76, 80, 87, 92, 96, 97, 152, 167
성령 / 24, 47, 49, 50, 51, 55, 56, 60, 61, 63, 64, 65, 68, 74, 108, 155, 156, 158, 159, 160, 161, 163, 165, 174, 175
성령 강림 축일 / 142
성례 금식일 / 136
성례전의 집례자 행동 / 13
성물 / 29, 62, 110, 116, 119, 120, 121, 125, 126, 150, 152
성물의 이중 성별 / 122

색 인 183

성부 / 60, 108
성서 일과 / 17, 18, 22, 26,
　　89, 94, 95, 96, 97, 99
성소 / 142
성일 / 142
성자 / 60, 108
성찬 감사 / 122
성찬 성례 / 152, 153
성찬 성례전 / 13, 20, 29, 30,
　　40, 61, 62, 63, 112, 113,
　　114, 115, 116, 117, 118,
　　119, 120, 122, 123, 124,
　　125, 126, 127, 135, 150,
　　152, 153, 166
성찬 참여 확인증 / 153
성찬대 / 29, 30
성찬상 / 29, 62, 64, 116, 117,
　　118, 119, 120, 121, 150,
　　152, 153
성탄절 / 87, 142, 143
세례 성례전 / 58, 60, 152
세례 전례문 / 107
세례명 / 105
세례반 / 104
세례식 / 20, 57, 59, 103, 104,
　　105, 107, 110, 133, 168
소위원회 / 12, 14, 102
솔웨이 / 125

수찬 정지 / 113
순산 / 111, 131, 136
스미스 / 33
스코틀랜드 교회 / 9, 11, 15,
　　20, 30, 89, 96, 97, 99,
　　100, 102, 103, 105, 107,
　　111, 112, 114, 118, 120,
　　124, 127, 137, 138, 146,
　　148, 149, 150, 151, 152,
　　154
스코틀랜드 부칙령 / 104
스코틀랜드 예배 / 15, 16, 19,
　　96, 97
스코틀랜드 총회 / 11, 13, 17,
　　19, 29, 32, 89, 96, 109,
　　125, 126, 129
스터링 / 112
스턴홀드 / 138
스튜워트 / 29
스트루터 / 11
시멘 / 103
시편 찬송 / 43, 45, 80, 89,
　　137, 176
시편송 / 76, 79, 80, 96, 102,
　　126, 136, 137, 139, 140,
　　141, 152, 160
식민 국가 / 48, 159
신성 국가 동맹 계약 / 48, 159

신성 동맹 계약 / 21, 154
신성한 동맹과 서약 / 9, 19,
　　28, 37, 39, 41, 46, 91,
　　93, 112, 129, 161
신앙 고백 / 21, 97, 106, 108,
　　109, 122, 125, 128, 149
심방 / 71, 100, 131
십계명 / 109

안수 / 24, 95, 99, 103, 169,
　　170, 171, 176,
안식일 / 49, 66, 81, 126, 127,
　　128, 142
애버도니아 / 125
앤 여왕 / 142
앤더슨 / 135
앤드류(St. Andrew) / 112
앤드류 톰슨 / 134
야외 설교 / 115, 116
어빙 / 125
어스킨 / 113
얼(Earl of Cassilis) / 10
얼(Earl of Lothian) / 85
에드남 / 101
에드워드 / 23, 37, 91
에딘버러 / 105, 112, 125, 129,
　　148, 151, 154

에버덴셔 / 125
에버도니아인 / 125
엘리자베스 / 37, 38, 98
연도(litany) / 98
영(Young) / 14, 92, 97
영광송 / 22, 102, 109
영국 국교회 / 14, 19, 23, 24,
　　26, 28, 31, 88, 90, 101,
　　104, 107, 110, 117, 126,
　　146
영국 의회 / 10, 11, 23, 32,
　　149, 154
영국 혁명 / 112, 115, 141, 142
예배의 성스러운 규범 / 94
예화 / 52
온건파 / 27, 28
왕정 복고 / 22, 24, 100, 102,
　　112, 142
외경 / 44, 156
요리 문답 / 21, 100, 109
울스터 / 125
워드로우 / 12, 25, 86, 110,
　　114, 116, 125, 136
워든 / 27, 103
웨스트민스터 총회 / 11, 12,
　　16, 21, 26, 90, 93, 97,
　　101, 104, 105, 112, 123,
　　127, 134, 138

색 인 185

웨일즈 / 17, 33, 38
위로 / 61
윌슨 / 113, 137
윌킨슨 / 88
윗틀리 / 132
유대인 / 48, 159
유아 세례 / 104, 105, 142
은혜와 답례 / 31
의회 법령 / 18, 145, 154
이단 / 48, 53, 151, 159
이튼 / 139
일반 고백 / 98
일반 기도서 / 15, 33, 37, 38,
　　40, 103, 105, 110, 113,
　　123
일반 예식서 / 9, 15, 16, 17,
　　23, 37, 39, 40, 89, 90,
　　101, 109, 122, 130, 131,
　　133, 136
일반적인 위로 / 53
임직 / 168, 169, 170, 171, 172,
　　173, 174, 175, 176, 177
잉글랜드 교회 / 147, 153, 176
잉글랜드 천주교 예식서 / 121,
　　124

자연일 / 135

잠정 법령 / 21
장례 설교 / 31, 133, 134
장례 예식 / 31, 75, 131
장례식 / 31, 75, 77, 132, 133,
　　134, 135, 136
장로교 / 19, 22, 23, 24, 25,
　　27, 30, 90, 92, 93, 94,
　　95, 96, 102, 110, 125,
　　136, 150
정경 / 44
정치 / 10, 12, 15, 16, 20, 21,
　　32, 92, 94, 99, 100, 102,
　　110, 113, 122, 126, 134,
　　145, 146, 147, 149, 159,
　　168
정치와 직제 / 110, 122, 126
제네바 예식서 / 15, 31, 113,
　　133
제단 / 89, 119, 120
제단 성찬상 / 117
제물의 잔치 / 117
제정사 / 58, 59, 63, 110, 118,
　　121, 122
조종(弔鐘) / 134, 135
존스톤 / 10
종교 개혁자 / 9, 13, 14, 31, 41
주교회의 / 23
주기도문 / 16, 17, 18, 22, 25,

26, 101, 102, 109
주일 성수 / 66, 127
준비 기도 / 92
준비 설교 / 114
준비 예배 / 93, 114
중보 / 44, 47, 49, 56, 73, 74,
    156, 158, 161, 163, 168
중보 기도 / 92, 98, 104, 126
중보자 / 47, 71, 158, 160
증인 / 31, 68, 105, 106, 128,
    140

찬미 의식 / 102
찰머 / 30
찰스 / 48, 154, 159
찰튼 / 19, 95
천주교 / 15
청교도 / 15, 17, 31, 92, 98,
    107, 111, 117, 118, 119,
    124, 130, 131, 132
체이렐 / 118
초대교회 / 111, 113, 128
초대의 말씀 / 62
총회 법령 / 24, 105, 113, 116,
    142, 148, 151, 154
추밀원령 / 23
축도 / 16, 57, 66, 79, 102,

103, 152, 153, 160, 161,
    176
축복 / 49, 58, 80, 98, 121,
    128, 175
축복 기도 / 63, 66
침례 / 111
침묵 / 90, 152

카스테어즈 / 25
카트라이트 / 90, 101, 128,
    131, 133
칼더우드 / 102, 105, 124
칼빈 / 104, 113
칼빈주의자 / 95
캠벨 / 25, 101
커튼 / 27, 100
케네디 / 27
콕스 / 94
콜만 / 111, 137
크라렌든 / 109
크롬웰 / 19, 20, 22, 140, 141
킬패트릭 / 110

터크니 / 131, 137
템플 / 84, 132
토요 예배 / 114

톰슨, 앤드류 / 134
통일령 / 22, 89
트위시 / 147
특별 위로 / 54

ㅍ

파도반 / 103, 123, 126
파머 / 14
파울리누스 / 106
팔머 / 119
펄츠 조항 / 22, 26
페트리 / 96
펨브록 / 109
평신도 / 57, 93, 94, 96, 98, 103
평일 설교 / 114
폐회 / 79, 102, 138, 152, 160
포브스 / 110
프랑스 / 19, 90, 93, 95, 105, 112, 113, 119, 120, 123, 132, 138
피필드 / 33
필드(John Field) / 33, 155
핌 / 31, 134

ㅎ

하몬드 / 13, 18, 111, 118
하인 / 66, 142
하지 / 125
해협 제도 / 19
헌금 / 65, 127, 166
헐 / 14, 102, 137, 143
헨더슨 / 9, 10, 14, 16, 91, 95, 101, 104, 110, 116, 118, 120, 122, 123, 124, 126, 128, 130, 136, 137, 138
헨리 7세 / 146
헨리, 매튜 / 138
협정서 / 148, 149
홉킨스 / 138
화이프 노회 / 93
환자 심방 / 67, 70, 131
후견인 / 105, 106, 107, 110
후커 / 143
훈련집 / 122, 123, 124
휘테커 / 99
희생 제사 / 117, 165

웨스트민스터 예배모범

●●●●●●●●●●●●●●●●●●●●●●●●

편자 • 토마스 레쉬만
옮긴이 • 정장복
펴낸이 • 김현애
초판 2쇄 • 2002년 6월 5일
재판 2쇄 • 2017년 9월 15일
펴낸 곳 • 예배와 설교 아카데미
주　소 • 서울특별시 광진구 광장동 272-12
전　화 • 02) 457-9756
홈페이지 • http://www.wpa.or.kr

등록번호 • 제18-90호 (1998.12.3.)
총판처 • 비전북
전화. 031-907-3927　FAX. 031-905-3927
ISBN 978-89-88675-63-2

●●●●●●●●●●●●●●●●●●●●●●●●

값 8,500원

▶ 잘못 만들어진 책은 언제든지 교환해 드립니다.